Tiziana Cignatta

À vous la France !

Culture et civilisation de la France et des pays francophones

Rédaction : Cristina Spano, Maréva Bernède, Sarah Negrel
Conception graphique et direction artistique : Nadia Maestri
Mise en page : Stefania Beccati
Illustrations : Linda Cavallini, Paolo D'Altan, Roberto Luciani, Alessandra Scandella
Couverture : illustration Paolo D'Altan **graphisme** Nadia Maestri
Recherches iconographiques : Stefania Beccati, Laura Lagomarsino

Première édition : février 2008

Crédits photographiques :
Archives Cideb : p. 6, 7, 8, 9, 10, 11, 12, 13, 15, 16, 17, 18, 19, 21, 22, 23, 24, 25, 26, 27, 28, 30, 31, 33, 34, 35, 36, 37, 38, 39, 41, 42, 43, 45, 46, 47, 48, 49, 50, 51, 52, 53, 54, 55, 56, 57, 58, 59, 60, 61, 62, 63, 64, 65, 66, 67, 69, 70, 71, 72, 73, 74, 75, 76, 77, 78, 79, 81, 82, 83, 84, 85, 86, 87, 88, 89, 90, 91, 94, 95, 96, 97, 98, 99, 101, 102, 103, 105, 106, 107, 108, 109, 110, 111, 112, 113, 114, 115, 117, 118, 119, 120, 121, 122, 123, 124, 125, 126, 127, 128, 130, 131, 138, 139, 140, 141.
Corbis : p. 13 hd © Ludovic Maisant/Corbis ; p. 73 mg © Etienne George/Sygma/Corbis ; p. 93 © Charles Bowman/Robert Harding World Imagery/Corbis ; p. 130 mg © Claude Salhani/Sygma/Corbis.
De Agostini Picture Library : p. 40 bd, p. 70 mg, p. 72 mg, p. 128 hm.
BI, ADAGP, Paris/ Scala Florence : p. 75 hd, p. 75 mg.
Office de tourisme de Strasbourg : p. 8 mg © AIRDIASOL-ROTHAN ; p. 30 hg © Yves NOTO-CAMPANELLA ; p. 31 bd © Sébastien HANSSENS .
Office de tourisme de Megève : p. 59 hg Megève Tourisme/Bionnassay Images.
CRTB-Bretagne : p. 82 bg, p. 89 hg, p. 91 hg ; p. 85 m, md CRTB/SCHULTE-KELLINGHAUS Martin ; p. 85 bg CRTB/GRATIEN Jean-Patrick.

Nous remercions monsieur Christophe Gevrey qui nous a gracieusement offert l'image de la promenade de la Treille de la page 109.

Pour toute suggestion ou information la rédaction peut être contactée :
info@blackcat-cideb.com
www.blackcat-cideb.com

ISBN 978-88-530-0858-9   Livre + CD

Imprimé en Italie par Rotolito Lombarda, Seggiano di Pioltello (MI)

À vous la France !

Avant-propos

À vous la France vise à impliquer les apprenants dans un voyage à la découverte de la culture et de la civilisation de la France et des pays francophones.

Camille et Thomas, les personnages guides, sont deux adolescents français qui feront découvrir aux élèves des aspects intéressants et motivants du monde francophone proche (la France et les pays européens) et lointain (la Polynésie française, le Québec, le Sénégal...).

Ils ouvrent ainsi à tour de rôle les portes d'une réalité à la fois géographique, culturelle et humaine. Chaque dossier débute avec une *photo* qui stimule la réflexion et l'interaction orale, suivent ensuite deux pages qui donnent *un aperçu de la région ou de la ville* présentée. Plusieurs *aspects* sont approfondis : l'art, les fêtes et les traditions, la gastronomie, les personnages célèbres, les loisirs ou les sports pratiqués par les jeunes. Deux pages enrichissent le *thème* du dossier : Paris, les villes, les villages, la campagne, les montagnes, les mers, l'océan, les fleuves, l'Europe francophone, la France d'outre-mer.

Les documents proposés, écrits et oraux, sont variés et cohérents avec le thème de chaque dossier : des interviews et des dialogues, des contes, des poèmes, des recettes de cuisine, des cartes postales, des courriels, des lettres...

Le manuel propose en outre une *frise historique* illustrée.

La *compréhension orale* et la *compréhension écrite* sont vérifiées au moyen d'exercices de Vrai-Faux, à choix multiple, d'exercices d'association, de grilles ou de fiches à compléter. La *production/interaction orale* et la *production/interaction écrite* se basent sur des images, des jeux, des activités guidées ou libres.

La compréhension et le réemploi du *lexique*, qui est riche et varié, s'appuient, par exemple, sur des exercices d'association ou la création de champs sémantiques. Un *lexique multilingue*, qui permet de comparer les mots dans plusieurs langues, facilite l'apprentissage.

La *dimension ludique* est également présente à travers de nombreux jeux linguistiques : anagrammes, charades, devinettes, grilles de mots croisés, rébus, dictons et expressions figurées... L'approche à l'*écriture créative* a comme point de départ la lecture de haïkus, la création d'un logorallye ou d'un acrostiche, ou bien la compréhension d'un message effacé par l'eau de mer.

L'*approche interculturelle* se base sur des activités de réflexion sur les symboles, de comparaison et de recherche autonome des apprenants, grâce à l'emploi d'Internet dans la *Civilis@ction*.

C'est un *apprentissage actif* qui est donc proposé aux élèves. Ils découvriront ainsi un monde sans cesse en mouvement et dont les multiples facettes offrent une occasion unique d'enrichissement linguistique et culturel.

TABLE des MATIÈRES

Ce symbole (*) indique les mots répertoriés dans le lexique multilingue. Attention ! Le vocabulaire des consignes et des exercices fait également partie du lexique multilingue, mais il n'est pas signalé par l'astérisque.

THOMAS et CAMILLE

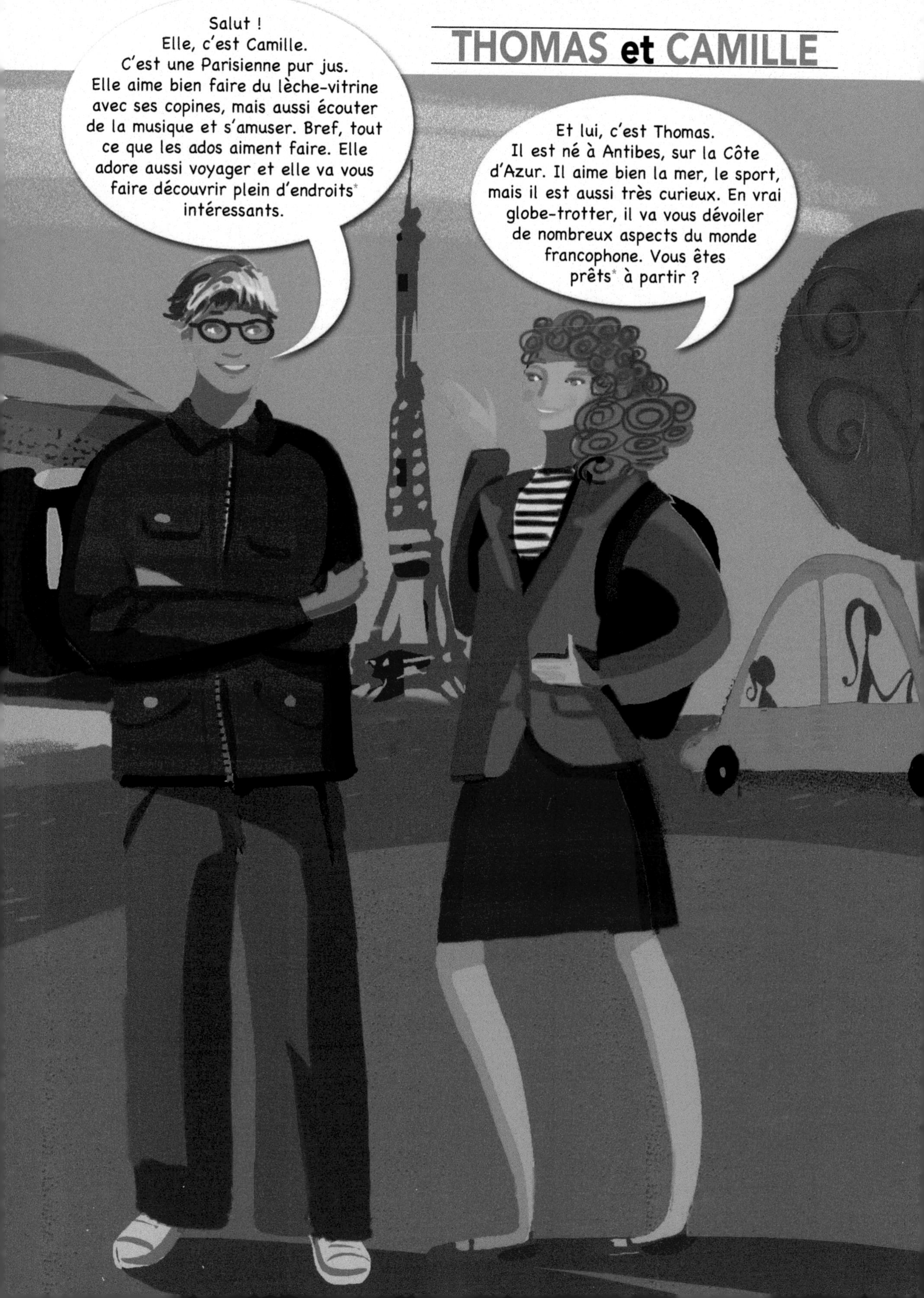

LA FRANCE

À la découverte* de l'Hexagone

La France est située en Europe occidentale. Ses frontières terrestres sont : à l'est, la Belgique, le Luxembourg, l'Allemagne, la Suisse et l'Italie ; au sud, la principauté de Monaco, celle d'Andorre et l'Espagne. Elle est bordée par la mer du Nord et la Manche au nord, par l'océan Atlantique à l'ouest et par la mer Méditerranée au sud. À cause de sa forme, on la surnomme l'Hexagone. Le territoire métropolitain a une superficie de 550 000 km². La France dispose de 5 500 km de rivages*. C'est le troisième plus grand pays* d'Europe après la Russie et l'Ukraine et elle représente ⅕ de la superficie de l'Union européenne. Les habitants de la République française sont plus de 63 millions, dont plus de 61,5 millions vivent sur le territoire métropolitain. Paris, la capitale, compte environ 2,1 millions d'habitants.

Le climat* de la France est continental au centre et à l'est, océanique à l'ouest, et méditerranéen au sud.

LA DIVISION ADMINISTRATIVE

La France est divisée en 26 régions : 22 métropolitaines et 4 d'outre-mer. L'une des 22 régions métropolitaines est une île située dans la mer Méditerranée : il s'agit de la Corse, surnommée « l'île de Beauté ». Elle se trouve à 193 km de la Côte d'Azur. La Corse a une superficie de 8 680 km², ce qui fait d'elle la quatrième île de la Méditerranée. Chaque région est à son tour* divisée en départements. Il y en a 100 au total (96 en métropole et 4 d'outre-mer).

LES SYMBOLES DE LA RÉPUBLIQUE
▶▶ Le drapeau* tricolore et la devise*

Le drapeau français se compose de trois bandes* verticales de couleur* bleue*, blanche et rouge. *Liberté, Égalité, Fraternité* : voilà la devise de la République. Elle remonte* à la Révolution* française et résume les principes de base de la *Déclaration des droits de l'homme et du citoyen*. Inscrite dans la Constitution de 1958, on la trouve sur le fronton* des édifices d'État.

▶▶ Marianne

Marianne représente la République française et la liberté. On trouve son buste sur les pièces de monnaie*, les timbres-poste* et dans les mairies*. Des femmes* célèbres ont prêté leurs traits à cette allégorie de la patrie : Brigitte Bardot, Mireille Mathieu, Catherine Deneuve, Inès de la Fressange, Laetitia Casta et, en 2003, Évelyne Thomas, animatrice d'une émission* de télévision.

▶▶ L'hymne national

La *Marseillaise* a été écrite par Rouget de Lisle à Strasbourg pendant la nuit du 25 au 26 avril 1792. C'était un chant de guerre révolutionnaire et un hymne à la liberté avant de devenir l'hymne national français le 14 juillet 1795.

▶▶ Le 14 juillet

C'est le jour de la fête nationale : il célèbre la prise de la Bastille qui a eu lieu* le 14 juillet 1789. Cet événement marque le début* de la Révolution française et représente la chute* de l'Ancien Régime.

▶▶ Le coq*

C'est un symbole non-officiel, mais très populaire. Il est souvent utilisé comme symbole par les fédérations sportives*.

1 Lisez le texte, puis complétez la fiche d'identité de la France.

FRANCE	
Frontières terrestres :	Habitants : ....
Mers et océans :	Climat : ....
Superficie :	Capitale : ....

2 La France en chiffres ! Complétez le tableau.

63 000 000	100 ....
2 100 000	96 ....
8 680	26 ....
5 500	22 ....

3 Écrivez la légende de chaque photo.

1 ....

2 ....

3 ....

4 ....

5 ....

6 ....

LA FRANCE

4 Connaissez-vous les régions françaises ?
Écrivez tout d'abord la bonne légende sous chaque image...

Le champagne (51)   Le viaduc de Millau (12)   Le Roi-Soleil (78)   La fondue savoyarde (73)
La cité de Carcassonne (11)   Napoléon (2A)   Les escargots à la bourguignonne (21)
Le siège du Parlement européen à Strasbourg (67)   Astérix (35)   La quiche lorraine (54)
Le palais des Papes d'Avignon (84)   Antoine de Saint-Exupéry (69)

1 ....

2 ....

3 ....

4 ....

5 ....

6 ....

7 ....

8 ....

9 ....

10 ....

11 ....

12 ....

5 ...trouvez ensuite à quelle région correspond chaque
photo. Aidez-vous de la carte de France page 141 et
des numéros de départements entre parenthèses.

1 ....

2 ....

3 ....

4 ....

5 ....

6 ....

7 ....

8 ....

9 ....

10 ....

11 ....

12 ....

Vous voulez en savoir plus ? Oui ? Alors, suivez-nous maintenant* dans notre voyage*... Camille va d'abord vous faire découvrir sa ville natale...

5

LA MÉTROPOLE

Ici, je suis chez moi. Paris, c'est la métropole[1], mais c'est aussi ma ville, les rues* où je me promène*, l'école, les copains. Vous êtes prêts* ? C'est parti !

1 **Observez les photos et essayez de reconnaître les monuments.**

A   B   C   D   E   F

1 Une métropole : le mot vient du grec *mêtêr*, qui signifie *mère*, et *polis*, qui signifie *ville*.

LA MÉTROPOLE

Paris, ville d'eau· et d'art

La capitale est divisée en 20 arrondissements, numérotés de 1 à 20, selon une spirale qui rappelle* la forme d'un escargot*. C'est la Seine, le fleuve de Paris, qui définit la physionomie de la capitale. Si on cite la Rive droite ou la Rive gauche, c'est toujours des rives de la Seine dont on parle. L'Île de la Cité, quant à elle, est le berceau* de Paris : c'est là qu'habitait la tribu des *Parisii* qui a donné son nom à la ville. Le soir, lorsque* Paris s'illumine, prenez le bateau-mouche pour garder* un souvenir inoubliable* de la Ville lumière.

L'ÎLE DE LA CITÉ
▶▶ La cathédrale Notre-Dame

La construction de la cathédrale de Paris, voulue par l'évêque* Maurice de Sully, a commencé en 1163 et a duré plus de 180 ans ! La façade* ouest est ornée d'une rosace* de 9,60 m de diamètre et d'un superbe portail*, deux éléments architecturaux dédiés à la Vierge. Avec presque 12 millions de visiteurs par an, c'est l'endroit* le plus visité devant Disneyland et le Sacré-Cœur.

▶▶ La Conciergerie et la Sainte-Chapelle

La Conciergerie devient une prison à la fin du XIVe siècle. Pendant la Révolution*, des femmes* et des hommes célèbres y sont emprisonnés : Marie-Antoinette, Danton… À côté de la Conciergerie se trouve la Sainte-Chapelle. Elle se compose de deux chapelles* superposées* : la chapelle basse pour les serviteurs du roi* et la chapelle haute pour son entourage*. C'est Louis IX, le futur Saint-Louis, qui est le commanditaire de ce joyau* gothique à la luminosité incomparable.

LA RIVE DROITE
▶▶ Les Champs-Élysées

La principale avenue de Paris (3 km de long), dont le nom évoque le paradis de la mythologie grecque, relie la place* de la Concorde à la place Charles-de-Gaulle, où se dresse l'Arc de triomphe. C'est là que le défilé du 14 juillet a lieu* tous les ans.

▶▶ Le musée du Louvre

Dans la cour Napoléon se trouve la pyramide de verre* et de métal projetée* par l'architecte* Ieoh Ming Pei. Le Louvre devient un musée en 1793. Il se divise en huit départements : les antiquités orientales, les antiquités égyptiennes, les antiquités grecques, étrusques et romaines, les arts* de l'Islam, les sculptures, les objets d'art, les peintures* et les arts graphiques. Dans ce musée, on peut admirer la *Vénus de Milo*, *la Victoire* de Samothrace et bien évidemment la célèbre *Joconde* !

▶▶ L'Arc de triomphe

Napoléon Ier ordonna la construction de ce célèbre monument en 1806. Pour concevoir la construction de cet édifice de 50 m de haut et de 45 m de large, il a fallu 30 ans. Depuis le 11 novembre 1920, le corps du Soldat inconnu repose sous l'arche centrale. Il rend hommage à tous les combattants morts pendant la Première Guerre mondiale.

RIVE GAUCHE

▶▶ La tour* Eiffel

Le symbole par excellence de Paris n'était pas fait pour durer. Construite par Gustave Eiffel pour l'Exposition universelle de 1889, la tour devait être détruite après cet événement. Elle est restée la construction la plus haute du monde (324 m) jusqu'en 1931, date de construction de l'Empire State Building à New York. Sa charpente métallique en fait un élément architectural incontournable* du panorama parisien. La « dame de fer » attire aujourd'hui plus de six millions de visiteurs par an.

▶▶ Le Quartier latin

Le Quartier latin, fréquenté depuis toujours par les étudiants, puis par les intellectuels dans les années 50, s'étend autour du boulevard* Saint-Michel.

C'est là que se trouve la Sorbonne, l'université fondée par Robert de Sorbon, en 1253. C'est aujourd'hui encore une université très prestigieuse. Le soir, grâce à ses bistrots et à ses restaurants, c'est un quartier très animé.

▶▶ Le musée d'Orsay

L'ancienne gare* d'Orsay, transformée en musée par les architectes Renaud Bardon, Pierre Colboc, Jean-Paul Philippon et Gae Aulenti, abrite entre autres des chefs-d'œuvre* impressionnistes. On passe d'un étage* à l'autre en admirant des toiles* célèbres,  comme le *Bal au moulin de la Galette* par Renoir, la série de Monet consacrée à la cathédrale de Rouen, et puis les œuvres de Van Gogh, Matisse, Cézanne, Gauguin… Une riche collection de meubles et d'objets Art nouveau complète ce patrimoine artistique exceptionnel.

1 Associez les photos de la page 9 au bon lieu ou au bon monument.

1 ☐ Notre-Dame		**3** ☐ L'Arc de triomphe		**5** ☐ Le musée d'Orsay	
2 ☐ Disneyland Paris		**4** ☐ Le Louvre		**6** ☐ La tour Eiffel	

2 Lisez le texte, puis complétez le tableau.

	Type de monument	Position	Caractéristiques
Notre-Dame			
La Conciergerie			
La Sainte-Chapelle			
Les Champs-Élysées			
Le Louvre			
L'Arc de triomphe			
La tour Eiffel			
Le Quartier latin			
La Sorbonne			
Le musée d'Orsay			

LA MÉTROPOLE

Flâner à pied dans Paris

À Paris, il est agréable de se promener* le long des quais* de la Seine ou de feuilleter* les livres vendus par les bouquinistes*. Mais c'est aussi un vrai plaisir de parcourir les rues*, les boulevards* et de traverser les ponts*. Le plus vieux pont ? Le Pont-Neuf qui, malgré son nom, a été bâti entre 1578 et 1604. On traverse les passages couverts, des galeries qui datent du début* du XIXᵉ siècle sur la Rive droite, comme le passage Jouffroy, boulevard Montmartre, ou le passage des Panoramas, situé dans le IIᵉ arrondissement. Et puis, on découvre des places* moins connues mais tout aussi belles, comme la charmante petite place du Marché-Sainte-Catherine, au milieu du Marais, et la place du Docteur-Félix-Lobligeois, où l'on peut s'asseoir à la terrasse* d'un café et prendre le temps de savourer les heures passées dans cette ville unique. Mais n'oublions pas les places célèbres…

1 Connaissez-vous ces monuments parisiens ? Écrivez leur nom sous la photo correspondante, puis associez-les à la place où ils se trouvent.

| L'obélisque | La statue équestre de Louis XIII | La colonne de Juillet | L'Arc de triomphe |

A .... B .... C .... D ....

1 ☐ Place de la Concorde 3 ☐ Place de la Bastille

2 ☐ Place des Vosges 4 ☐ Place Charles-de-Gaulle

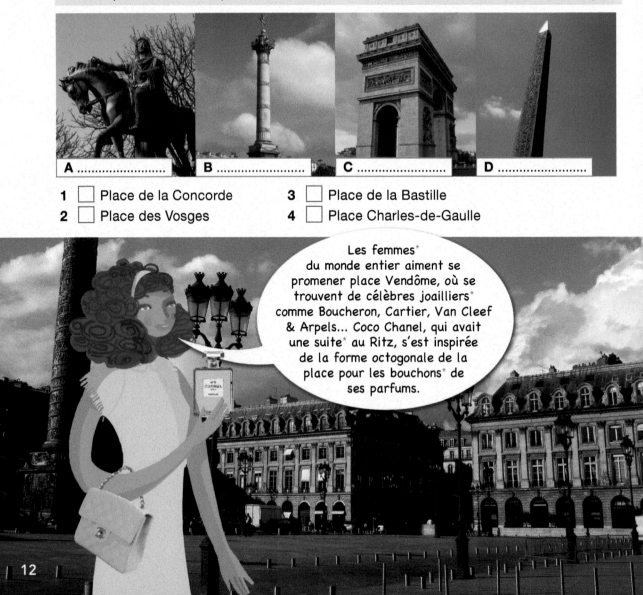

Les femmes* du monde entier aiment se promener place Vendôme, où se trouvent de célèbres joailliers* comme Boucheron, Cartier, Van Cleef & Arpels… Coco Chanel, qui avait une suite* au Ritz, s'est inspirée de la forme octogonale de la place pour les bouchons* de ses parfums.

À propos d'art... Le musée de l'Orangerie

Bâti tout près du jardin des Tuileries, ce musée présente au rez-de-chaussée* le grand ensemble des *Nymphéas* de Claude Monet. L'artiste s'est inspiré de son jardin de Giverny pour peindre* ces tableaux*. Parmi* les œuvres réalisées entre la fin de l'époque impressionniste et l'entre-deux-guerres, il y a 24 toiles* de Renoir, dont la plus célèbre est *Jeunes filles au piano*. L'Orangerie abrite également 15 œuvres de Cézanne (*Pommes et biscuits* par exemple), des toiles de Matisse (*Les trois sœurs*), de Modigliani (*Paul Guillaume, Novo Pilota*), d'Henri Rousseau (*La carriole du père Junier*), de Gauguin (*Paysage*) et d'Utrillo (*La maison Bernot*).

1 Connaissez-vous les tableaux cités dans le texte ? Écrivez leur nom sous la photo correspondante, puis associez-les à leur peintre.

1 ....

2 ....

3 ....

4 ....

5 ....

6 ....

7 ....

8 ....

a ☐ Renoir   c ☐ Monet   e ☐ Matisse   g ☐ Cézanne
b ☐ Modigliani   d ☐ Gauguin   f ☐ Utrillo   h ☐ Henri Rousseau.

LA MÉTROPOLE

Vivre à... Montmartre

Moi, j'habite à Montmartre, rue* d'Orsel. J'aime bien l'atmosphère de village qu'on respire ici. Thomas est venu me voir et je vais lui montrer* « mon » Montmartre.

2 **...écoutez une nouvelle fois l'enregistrement, puis cochez la bonne réponse.**

1 À Montmartre a vécu et travaillé
  a ☐ Gauguin.
  b ☐ Monet.
  c ☐ Picasso.

2 Place du Tertre, il y a de nombreux
  a ☐ peintres.
  b ☐ musiciens.
  c ☐ sculpteurs.

3 La fête des vendanges a lieu
  a ☐ fin septembre.
  b ☐ mi-octobre.
  c ☐ fin octobre.

4 *Le Lapin agile* était un
  a ☐ musée.
  b ☐ bistrot.
  c ☐ cabaret.

5 L'héroïne du film culte tourné à Montmartre s'appelle
  a ☐ Amélie.
  b ☐ Annie.
  c ☐ Adélie.

1 **Écoutez une première fois la conversation de Camille et Thomas, puis dites dans quel ordre sont cités les différents lieux...**

  a ☐ Le Sacré-Cœur
  b ☐ Le musée de Montmartre
  c ☐ Le musée d'Art naïf Max-Fourny
  d ☐ La *Mère Catherine*
  e ☐ *Les Deux Moulins*
  f ☐ *Au Lapin agile*
  g ☐ La vigne de Montmartre
  h ☐ L'espace Montmartre Salvador Dalí
  i ☐ La place du Tertre

3 DELF **À l'écrit. Camille veut fêter l'arrivée de Thomas à Paris et elle décide d'organiser une boum avec ses ami(e)s. Écrivez la carte d'invitation.**

Paris, le ....

Salut !

....

....

....

.... ,

Camille

Une page d'histoire...
Louis XIV à Versailles

En 1682, la cour de Louis XIV, le Roi-Soleil, s'installe au château de Versailles. Mais qui a bâti cet immense château* connu dans le monde entier ?

Il a été construit par Louis Le Vau et Jules Hardouin-Mansart. Le premier en a commencé la construction en 1668 et le deuxième a continué les travaux à partir de 1678. C'est Hardouin-Mansart qui a construit au premier étage* la célèbre galerie des Glaces* qui mesure 73 m de long : 17 grands miroirs* se trouvent en face des fenêtres à arcade.

Charles Le Brun, lui, s'est occupé de l'intérieur du château : il a dessiné la salle du trône de Louis XIV et a réalisé le mobilier. Le premier étage abritait les appartements privés du roi*, mort à l'âge de 77 ans, et de la reine, qui y donna naissance au Dauphin*, le futur roi.

Mais c'est Le Nôtre qui a réalisé le chef-d'œuvre de Versailles : les parterres* et les bassins du jardin. Il a projeté* les jardins géométriques à la française et les plans d'eau, comme le bassin* de Neptune, aujourd'hui décor* de nombreux spectacles son et lumière qui rappellent* les fastes* du Grand Siècle.

1 **Vrai ou faux ? Cochez la bonne case et corrigez les affirmations qui sont fausses.**

1 Louis XIV est aussi appelé le Roi-Soleil.
V ☐ F ☐ ....

2 Louis XIV s'installe à Versailles en 1687.
V ☐ F ☐ ....

3 Le château de Versailles a été projeté par Le Nôtre.
V ☐ F ☐ ....

4 La galerie des Glaces mesure 73 m de long et possède 17 miroirs.
V ☐ F ☐ ....

5 C'est Louis Le Vau qui a réalisé la salle du trône.
V ☐ F ☐ ....

6 Le Dauphin est l'héritier du roi.
V ☐ F ☐ ....

7 Le bassin de Neptune est aujourd'hui le décor de spectacles son et lumière.
V ☐ F ☐ ....

8 Le XVIIᵉ siècle est aussi appelé le Grand Siècle.
V ☐ F ☐ ....

LA MÉTROPOLE

Les loisirs* d'un ado à Paris...
Le Festival du jeu* vidéo

Le Festival du jeu vidéo a lieu* au mois de septembre au Parc des expositions de Paris. Il s'agit de la principale manifestation publique du secteur. Cela fait déjà plus de 40 ans que les jeux vidéo font partie de la vie quotidienne des petits et des grands. Le Festival raconte l'histoire des jeux vidéo à travers une expo-musée de « vieilles » consoles qui sont maintenant* des pièces* de collection. Mais ce sont surtout les nouvelles créations qui occupent le devant de la scène. On peut voir les *machinimas* (ce mot-valise comprend les termes *machine*, *animation* et *cinéma*), un genre cinématographique qui utilise la technologie des jeux vidéo. On peut également découvrir toutes les nouveautés des jeux sur console et PC. De nombreuses initiatives sont organisées pour les jeunes, comme le *Virtuel'art*. Ce concours récompense les meilleurs projets de fin d'études des étudiants des filières consacrées aux jeux vidéo. Et puis, pourquoi ne pas participer au *Cosplay*, un « jeu costumé », où chacun peut incarner son héros* préféré !

> Moi, j'ai été à ce festival à vélo*. Depuis juillet 2007, il existe à Paris le Vélib'. Vous pouvez louer* un vélo pour une journée, une semaine ou une année. C'est un énorme succès : un mois après sa création, ces vélos avaient déjà parcouru quatre millions de kilomètres (100 fois le tour* de la Terre) !

---

1 **Lisez le texte, puis complétez les phrases.**

1 Le Festival du jeu vidéo se déroule ....
....

2 Il propose aux visiteurs ....
....

3 Les *machinimas* sont ....
....

4 Le *Cosplay* permet ....
....

2 DELF **À l'oral. Aimez-vous les jeux vidéo ?**
Expliquez pourquoi.

Être un ado sportif* à Paris

Le Palais omnisports de Paris-Bercy (POPB) est un espace polyvalent de 55 000 m² situé sur le boulevard* de Bercy. Il peut accueillir de 3 500 à 18 000 personnes* ! Cette salle propose chaque année plus de 120 événements sportifs et musicaux. Ce sont les architectes* Michel Andrault et Pierre Parat qui ont conçu le POPB dont la construction a débuté en 1981 et s'est achevée en 1983. L'année suivante, il a été inauguré avec la compétition* cycliste *Six jours de Paris*. Mais à quelles compétitions sportives peut-on assister ? À toutes ! Sports de glisse, football, équitation*, automobilisme...

Le stade* de Roland-Garros, par contre, est synonyme d'une seule discipline* : le tennis. Les plus grands champions du monde de la raquette ont joué dans ce stade. Construit en 1928 à proximité du bois* de Boulogne par les architectes Faure-Dujanic, Bérard, Bouzon et Lhuiller, il accueille tous les ans les Championnats internationaux de France de tennis, auxquels peuvent assister jusqu'à 39 000 spectateurs en places* assises. Les plus grands noms du tennis, Björn Borg, John McEnroe, Steffi Graf, ont joué sur les courts* de Roland-Garros. Mais aujourd'hui, qui sont les nouveaux champions ? Le 10 juin 2007 sur le court Philippe-Chatrier se sont affrontés en finale l'Espagnol Rafael Nadal et le Suisse Roger Federer. Au quatrième set, malgré quelques magnifiques revers* de son adversaire, c'est « Rafa » Nadal qui remporte* la finale pour la troisième fois consécutive. Après Björn Borg, personne* n'avait réalisé un tel exploit !

1 **Relevez tous les substantifs qui se rapportent au tennis.**

_____

_____

_____

_____

2 **Lisez le texte, puis complétez le tableau.**

	POPB	Roland-Garros
Année(s) de construction		
Lieu		
Architectes		
Capacité d'accueil		
Disciplines pratiquées		

LA MÉTROPOLE

Paris : un cœur* ancien,
un esprit* moderne, un poumon* vert

Paris est une métropole étonnante, en perpétuelle transformation. Les édifices anciens se modernisent, comme le Louvre par exemple, et d'autres sont bâtis. Des constructions modernes et avant-gardistes ont donc vu le jour : parfois critiquées, jamais banales, elles resteront inoubliables*.

▶▶ Le centre Pompidou (Beaubourg)

Le Centre national d'art et de culture Georges-Pompidou, ou Beaubourg, comme le nom du quartier où il se trouve, accueille environ six millions de visiteurs par an. Il a été ouvert au public en 1977. C'est un musée, mais on y trouve aussi une bibliothèque, des salles de cinéma et de spectacle, un institut de recherche musicale (IRCAM), des espaces d'activités éducatives, des librairies*... Les Parisiens le surnomment Notre-Dame de la Tuyauterie. Le bâtiment* a suscité beaucoup de réactions négatives. En effet, sa structure de verre* et d'acier, œuvre des architectes* Renzo Piano et Richard Rogers, se compose de canalisations, d'escaliers* mécaniques et de passerelles métalliques.

▶▶ La Bibliothèque nationale de France (BnF)

Elle se situe sur plusieurs sites dont le principal est la Bibliothèque François-Mitterrand, dans le XIIIe

arrondissement, sur la Rive gauche. L'architecte Dominique Perrault a imaginé quatre tours* en forme de livres ouverts. Les lecteurs sont pour la plupart des étudiants, des enseignants et des chercheurs*. Une copie de tous les livres publiés en France doit obligatoirement être déposée à la BnF. Sa bibliothèque numérique*, appelée *Gallica*, est également très connue.

▶▶ L'institut du Monde arabe

Les traditions du monde arabe et l'emploi* de matériaux modernes se marient* parfaitement dans cet édifice, réalisé par les architectes d'Architecture-studio et Jean Nouvel. La façade* est tapissée de photocellules qui reflètent la lumière. Une tour de marbre blanc abrite une immense bibliothèque où les livres sont disposés sur une rampe en spirale. Un musée, consacré à la culture des pays* arabes, s'étend sur trois étages*.

▶▶ Le quartier de la Défense

Le quartier de la Défense a commencé à voir le jour en 1958 avec la construction du premier bâtiment, le palais du CNIT (Centre des nouvelles industries et technologies). De nombreux édifices très modernes s'érigent au fur et à mesure, parmi* lesquels la tour FIAT (actuellement Aréva) qui, avec ses 184 m, est l'une des plus hautes d'Europe. La Grande Arche, un édifice en forme de cube vide, est la star du quartier de la Défense. Située à l'extrémité de la perspective de l'Arc de triomphe, elle a été projetée* par l'architecte danois Otto von Spreckelsen. Elle a été inaugurée en 1989 pour fêter le bicentenaire de la Révolution*.

▶▶ La Cité des sciences et de l'industrie (la Villette)

L'architecte Adrien Fainsilber a construit cet espace sur les anciens abattoirs* de la Villette. Les expositions interactives sont consacrées aux mathématiques, à la biologie, à l'astronomie... Il y

a aussi un planétarium qui transporte le visiteur au milieu des étoiles et du cosmos*. Et puis, il ne faut pas oublier* la Cité des enfants, un espace créé pour éveiller la curiosité des plus petits. La Géode, une sphère en acier poli* de 36 m de diamètre située dans le parc de la Villette, abrite un écran* hémisphérique de 1 000 m².

▶▶ Le musée du quai* Branly

Si l'on aime les traditions ethniques, il faut se rendre au 37, quai Branly. Ce musée, situé à proximité de la tour Eiffel, possède en effet des masques, des costumes et des objets de la vie quotidienne provenant d'Asie, d'Afrique, des Amériques et d'Océanie.

▶▶ Parcs et jardins

Paris est aussi une ville « verte ». Au bois* de Boulogne (845 ha), les visiteurs peuvent se promener* au milieu des arbres* millénaires ou bien admirer la beauté des points d'eau. Ils peuvent aussi assister aux courses de chevaux à l'hippodrome de Longchamp ou de Vincennes. Au bois de Vincennes, balades* en canot, visite du zoo ou du parc floral enchantent touristes et Parisiens. Si vous êtes paresseux*, louez* une rosalie, une voiture* à pédales, pour mieux parcourir de long en large ce parc de 995 ha.

Paris possède également des parcs plus petits, mais tout aussi attrayants*, comme le parc Monceau. Ce parc est décoré de statues d'écrivains*, d'une rotonde et de colonnades. Le parc de Bagatelle (24 ha) possède un château* et une roseraie*. Le Jardin des plantes, créé en 1635 par le médecin de Louis XIII, est un jardin botanique où poussent 2 600 espèces de plantes médicinales, et 2 000 plantes provenant des montagnes du monde entier.

1 Chasse aux monuments ! Écrivez sous chaque photo le nom du monument représenté.

1 ....

2 ....

3 ....

4 ....

5 ....

6 ....

LA MÉTROPOLE

CHARADES PARISIENNES

1
Mon premier est un adjectif masculin qui est synonyme de joli.
Mon deuxième est synonyme de village.
Mon tout a été bâti par un architecte italien : _ _ _ _ _ _ _ _ _

2
Mon premier est une matière scolaire abrégée.
Mon deuxième est une préposition simple.
Mon tout abrite un cinéma sphérique : _ _ _ _ _ _

3
Mon premier est un adjectif possessif pluriel.
Mon deuxième signifie femme.
Mon tout se dresse sur l'Île de la Cité : _ _ _ _ _ _ _-_ _ _ _

QUATRE FOIS HUIT

● Retrouvez quatre mots de huit lettres chacun.

TIL**BOULE**   NEVIL**GNE**   BON**BASTE**   **LET**LOSOR

1 B _ _ _ _ G _ _   **2** _ _ _ L _ T _ _   **3** _ _ R _ _ N _ _   **4** B _ _ T _ _ _ _

Civilis@ction

● **V**ous désirez mieux connaître Paris. Choisissez un monument, puis par groupes, complétez la fiche suivante. Aidez-vous d'Internet et des pages précédentes.

Nom du monument	
Type de monument	
Position	
Époque de construction	
Histoire	
Caractéristiques	
Curiosités	

● **T**ous les groupes rassemblent ensuite leurs recherches pour préparer un rallye, À la découverte des monuments de Paris, pour une autre classe. Chaque monument découvert permet d'obtenir la fiche d'un nouveau monument à découvrir. Pour augmenter la difficulté, ne donnez pas la position du monument. C'est l'équipe la plus rapide qui gagne. Vous pouvez même organiser ce rallye pour toute l'école. Alors... que le meilleur gagne !

> Ça y est, je vous ai montré « mon » Paris. Nous avons à peine commencé notre voyage... Vous êtes prêts pour la suite ? Oui ? Alors, suivez Thomas !

LA VILLE

Après la visite de la métropole parisienne, ça vous dit de partir faire un tour* en ville[1] ?

1 Observez la photo et trouvez la solution à la devinette.

> *Devinette*
>
> C'est vers le Nord de la France qu'il faut aller
> Si la Grand Place et ses monuments l'on veut visiter.
> Elle est située dans les Flandres,
> On y déguste la flamiche et la carbonade à la flamande.
> À l'origine c'était une île, son nom actuel rime avec ville,
> Bienvenue, vous êtes à _ _ _ _ _ !

1 La ville : le mot vient du latin *villa* qui signifie tout d'abord *maison de campagne*, puis *groupe de maisons*.

Le Nord-Pas-de-Calais,
la région la plus au nord de la France

La région, située aux portes de la Grande-Bretagne et de la Belgique, offre de longues plages* et des falaises* à pic sur la mer du Nord. À l'intérieur, le paysage des Flandres se compose de canaux et de moulins à vent*. On y trouve d'élégantes stations balnéaires, comme Le Touquet, des ports de pêche, comme Boulogne-sur-Mer (le premier port de pêche français), ou des villes qui abritent des joyaux* de l'architecture* flamande, avec en tête* Arras.

LILLE, UNE VILLE ENTRE PASSÉ ET FUTUR

L'histoire du chef-lieu* du Nord-Pas-de-Calais est marquée par sa vocation marchande : au Xe siècle, c'est déjà une cité « drapante », c'est-à-dire qu'elle a reçu du comte des Flandres le privilège de tisser des draps et d'en faire le commerce. Au XIVe siècle, la ville passe au grand-duché de Bourgogne et au XVIe siècle, elle devient espagnole. Ce n'est qu'en 1667 qu'elle devient française lors de la conquête de Louis XIV, le Roi-Soleil.

En se promenant* dans le vieux Lille, on peut visiter des galeries d'art et admirer ses monuments : le musée de l'hospice Comtesse, la cathédrale Notre-Dame de la Treille, un mélange* d'ancien et de moderne (sa construction a débuté en 1854, mais ne s'est terminée qu'en 1999 !), ou bien encore la maison natale du général de Gaulle. Mais le cœur* de Lille, c'est la Grand Place, aujourd'hui place* du Général-de-Gaulle : c'est là que se trouvent la vieille Bourse avec ses 24 maisons identiques construites autour d'une cour à arcades et l'Opéra. Depuis le beffroi* de l'hôtel de ville*, on a une vue imprenable sur la ville. C'est le plus haut beffroi de la région : il mesure 104 m de haut. Autrefois, il servait à donner l'alarme en cas de danger. Depuis 2005, il est classé au patrimoine mondial de l'UNESCO. Lille est aussi une ville très active, surtout dans le secteur tertiaire. Quatrième métropole française, elle a également été désignée capitale européenne de la culture en

2004 avec la ville de Gênes, en Italie. Grâce au succès de Lille 2004, la ville a créé *Lille 3000* qui propose des événements culturels à thème (spectacles, expositions, concerts) tous les deux ans. En 2006, l'Inde était à l'honneur avec la manifestation *Bombaysers*, et en 2008, c'est au tour* de l'Europe orientale.

Vous devez aussi vous rendre à *Euralille*, un quartier et un centre commercial réalisés par l'architecte* néerlandais Rem Koolhaas.

La gastronomie offre un large choix de poissons* et de crustacés*. Les moules*-frites* sont l'emblème de la gastronomie lilloise. Les gourmands* apprécieront les gaufres* et les babeluttes, des caramels à la vergeoise*. Une adresse incontournable* ? Celle de la pâtisserie *Meert*, classée monument historique : sa recette* des gaufres a 150 ans ! Une suggestion pour déguster de bons petits plats* en famille ? Allez manger dans un estaminet, un petit restaurant local où l'on peut goûter les authentiques plats du Nord, jouer, chanter et entendre parler le *ch'timi*, le patois local.

D'AUTRES VILLES

▶▶ Calais

Située à seulement 36 km des côtes britanniques, la ville de Calais est le premier port de voyageurs français. Elle est en effet très proche de Coquelles, le lieu* où débouche le tunnel sous la Manche. Après les bombardements de la Deuxième Guerre mondiale, Calais a été presque entièrement reconstruite. Vous pourrez visiter le musée des Beaux-Arts et de la dentelle*, qui abrite des sculptures du XIXe et du XXe siècle, le musée de la Guerre, l'hôtel de ville et son beffroi qui fait partie du patrimoine de l'UNESCO. Devant l'hôtel de ville, on peut admirer le monument aux bourgeois de Calais, réalisé en 1895 par Auguste Rodin : il est dédié aux hommes qui, en 1347, ont donné leur vie pour sauver la ville.

▶▶ Dunkerque

Dunkerque, troisième port de France, a depuis toujours une vocation maritime qui se ressent aujourd'hui encore. Il suffit pour cela de visiter le musée portuaire et le marché aux poissons, place de Minck. L'église Saint-Éloi, bombardée pendant la Deuxième Guerre mondiale, a été restaurée de 2001 à 2006. Elle abrite le tombeau du célèbre corsaire dunkerquois Jean Bart. Le beffroi de l'église, qui date du XVe siècle, est classé au patrimoine mondial de l'UNESCO depuis 2005, tout comme l'hôtel de ville, qui remonte* au début* du XXe siècle. L'événement le plus important de Dunkerque, c'est le carnaval. Il se déroule tous les ans entre fin février et début avril. Les célèbres géants* du Nord, d'énormes figures portées par des personnes* à l'occasion des fêtes, en sont la principale attraction. On en compte plus de 450 dans la région ! À Dunkerque, le géant traditionnel est le Reuze, accompagné de sa femme*, la reuzinne Miesje et de leurs trois enfants, Pietje, Boutje et Mietje.

1 Lisez le texte, puis complétez la fiche d'identité de Lille.

	LILLE	
Région	Monuments	....
Mer	Tourisme et culture	....
Histoire	Gastronomie	....

2 D'une ville à l'autre. De quelle ville s'agit-il ?
L = Lille   C = Calais   D = Dunkerque

	L	C	D
1 Le général de Gaulle y est né.	☐	☐	☐
2 Les géants du Nord y font leur apparition à chaque carnaval.	☐	☐	☐
3 La Grand Place est le cœur de cette ville.	☐	☐	☐
4 C'est la ville la plus proche des côtes britanniques.	☐	☐	☐

LA VILLE

Une page de cuisine...
la carbonade et la flamiche

CARBONADE À LA FLAMANDE

- Coupez 2 kg de viande* de bœuf* en morceaux de 100 g environ.
- Faites-les revenir avec du beurre dans une sauteuse*.
- Retirez la viande et faites revenir deux oignons, puis ajoutez 50 g de farine et mélangez.
- Versez la bouteille* de bière des Flandres et portez à ébullition.
- Remettez la viande, salez et poivrez.
- Laissez mijoter* à feu doux pendant 1h30.
- Ajoutez 100 g de pain d'épices* coupé en dés et le bouquet* garni [1].
- Laissez mijoter pendant encore 30 minutes.
- Servez avec une purée de pommes* de terre ou des frites* et une bière des Flandres.

FLAMICHE AU MAROILLES [2]

Pour la pâte*
- Délayez* 1/3 de cube de levure de bière dans un bol* de lait* tiède.
- Faites une fontaine avec 250 g de farine.
- Ajoutez la levure délayée, une grosse pincée de sel et 75 g de beurre fondu dans une casserole.
- Mélangez, puis pétrissez* la pâte.
- Étalez au rouleau et laissez reposer 1h.

Pour la garniture
- Grattez la croûte du maroilles et découpez*-le en tranches*.
- Mélangez deux jaunes d'œufs* et 15 g de farine, puis versez le mélange sur la pâte.
- Disposez les tranches de maroilles.
- Faites cuire à four* assez chaud* (thermostat 6-7) pendant 30 minutes.

1 Lisez les recettes, puis complétez le tableau.

	Carbonade à la flamande	Flamiche au maroilles
Ustensiles		
Temps de cuisson		
Ingrédients		

1 **Le bouquet garni :** thym, persil et laurier attachés ensemble avec du fil alimentaire. On l'utilise pour parfumer bouillons, sauces, poissons... Il faut le retirer avant de servir.

2 **Le maroilles :** fromage carré à pâte molle typique du Nord de la France.

Un jour, une tradition…
La Fête de la musique

Tous les ans, le 21 juin, à Lille et dans toute la France, on célèbre la journée la plus musicale de l'année : la Fête de la musique ! Cet événement, créé par Jack Lang (le ministre de la Culture de l'époque) en 1982, est aujourd'hui présent dans plus de 110 pays*. New York a participé pour la première fois à la Fête de la musique en 2007. C'est une bonne occasion pour écouter ou jouer de la musique, pour se retrouver entre amis, et pour prendre un bain de foule*. Musiciens* professionnels* et amateurs se donnent rendez-vous dans les rues* pour jouer d'un instrument* seuls ou en groupe : batterie*, violoncelle*, guitare*, djembé*, flûte*, tambour*, synthé*, basse*, saxophone*, violon*, accordéon*… Vive la musique !

1 Connaissez-vous les instruments de musique cités dans le texte ? Écrivez tout d'abord leur nom sous la photo correspondante…

1 ....

2 ....

3 ....

4 ....

5 ....

6 ....

2 …placez-les ensuite dans la bonne catégorie.

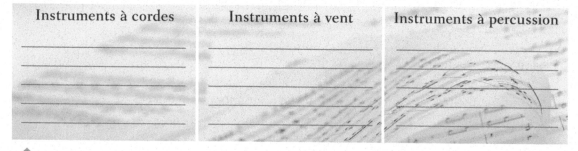

Instruments à cordes	Instruments à vent	Instruments à percussion

3 DELF À l'oral. Quel(s) genre(s) de musique écoutez-vous ? Réalisez un sondage dans votre classe.

LA VILLE

Vivre... Hondschoote

Dans le Nord-Pas-de-Calais, il y a beaucoup de moulins à vent*. Le plus ancien est le Noordmeulen, qui a été construit en 1127 et restauré en 1988. Il se compose d'une cabine de bois* posée sur un pivot* en pierre. Il se trouve à Hondschoote, tout comme le moulin Spinnewyn qui a été reconstruit en 1993, 100 ans après sa démolition pour des raisons* économiques. Ce moulin en bois posé sur un pivot en brique* a été reconstruit pour des raisons historiques : en effet, il a été le témoin de la guerre de 1793. Cette année-là, le général Houchard bat les troupes des monarchies* européennes qui combattent contre la jeune République française. Ces moulins à vent servaient à moudre* les céréales, mais aussi à pomper l'eau* pour irriguer le sol* ou à produire de l'huile*.

Aujourd'hui, Noordmeulen et Spinnewyn ne fonctionnent plus (le premier a cessé de tourner* en 1959), mais on peut les visiter sur demande.

En France, il existe d'autres moulins célèbres : le moulin de la Galette à Paris, classé monument historique en 1939, le moulin de Fontvieille, près d'Arles, rendu célèbre par *Les Lettres de mon moulin* de l'écrivain* Alphonse Daudet.

---

1 **Lisez le texte, puis répondez aux questions.**

1 Quel est le moulin le plus ancien de la région Nord-Pas-de-Calais ?

....

2 Pourquoi est-ce qu'on a reconstruit le moulin Spinnewyn ?

....

3 De quoi se compose-t-il ?

....

4 À quoi servaient les moulins ?

....

5 Est-ce que Noordmeulen et Spinnewyn sont encore en activité ?

....

6 Quels sont les plus célèbres moulins français ?

....

7 Quel moulin a été rendu célèbre par *Les Lettres de mon moulin* ?

....

Les loisirs* d'un ado à Lille...
le hip-hop

Le hip-hop est un mouvement culturel et musical né aux États-Unis au début* des années 70. Il se base sur la musique et le chant rap, sur le DJing, qui consiste à passer des disques simultanément en les mixant, et sur la breakdance. La breakdance est une danse qui se compose de figures acrobatiques et au sol*. Les danseurs sont appelés *breakers* ou *b-boys*.

Vous êtes débutants et vous désirez connaître la danse hip-hop ? Le stage qui se déroule le matin, de 10 heures à 12 heures, est fait pour vous ! Il a lieu* fin octobre et pendant les vacances* de Pâques. Le prix est de 20 euros.

Vous savez déjà breaker et vous voulez améliorer vos performances ? Le stage pour danseurs avancés se déroule l'après-midi de 14 heures à 17 heures aux mêmes dates. Le prix est de 30 euros. Pour s'inscrire, il faut contacter la responsable du cours un mois avant le début du stage par mail ou par téléphone. On vous attend nombreux !

Vous connaissez le hip-hop ? Ici, à Lille, les jeunes de 12 à 18 ans peuvent suivre des stages pour danseurs débutants et avancés ! Ça vous intéresse ? Suivez-moi ! Moi, je suis débutant, mais je voudrais devenir un vrai b-boy...

1 **Vrai ou faux ? Cochez la bonne case et corrigez les affirmations qui sont fausses.**

1 Thomas va suivre le stage de hip-hop fin octobre.
V ☐ F ☐ ....

2 Il pourra aussi y aller pendant les vacances de Noël.
V ☐ F ☐ ....

3 Il va suivre le cours de 14 heures à 17 heures.
V ☐ F ☐ ....

4 Il va payer 30 euros.
V ☐ F ☐ ....

5 Pour s'inscrire, il devra contacter la responsable par mail ou par téléphone.
V ☐ F ☐ ....

6 Il devra contacter les organisateurs vers fin septembre.
V ☐ F ☐ ....

LA VILLE

Être un ado sportif à Lille

1 Écoutez une première fois la conversation téléphonique de Thomas et Camille, puis indiquez les sports que Camille aime (☺) ou n'aime pas (☹)...

1 ☺ ☹	2 ☺ ☹	3 ☺ ☹	4 ☺ ☹
l'équitation	le basket	le patinage	l'escrime

5 ☺ ☹	6 ☺ ☹	7 ☺ ☹	8 ☺ ☹
le tennis	le vélo	le golf	le volley-ball

2 ...écoutez ensuite une nouvelle fois l'enregistrement, puis complétez la fiche de présentation de l'espace de glisse.

Espace de glisse de LILLE

Horaires

....

....

Tarifs lillois

....

Tarifs non lillois

....

La colombophilie, ou communiquer autrement !

Je viens de découvrir que le Nord-Pas-de-Calais est la première région colombophile de France ! Je dois absolument en savoir davantage. Je vais poser quelques questions à Nicolas, un jeune colombophile. Il habite à Paris, mais ses grands-parents habitent à Dunkerque...

1 **Écoutez la conversation de Thomas et Nicolas, puis cochez les bonnes réponses.**

1 René porte ☐ une ☐ deux ☐ trois bague(s).

2 Il peut parcourir ☐ 60 ☐ 600 ☐ 660 kilomètres par jour.

3 Pour lui, la météo
☐ n'est pas ☐ est assez ☐ est très importante.

4 Le pigeon qui a sauvé des aviateurs s'appelait
☐ Black vision ☐ White vision ☐ White pigeon.

2 DELF **À l'écrit. Thomas veut faire une surprise à Camille et lui envoyer un message par pigeon voyageur...**

Salut, Camille !

Thomas

Villes de France

▶▶ Strasbourg

Chef-lieu* de l'Alsace, c'est une ville à vocation européenne. Depuis 1997, elle est en effet le siège* du Conseil de l'Europe. Le Palais de l'Europe, un bâtiment* très moderne, se trouve près du centre historique. Dans les rues* du centre-ville, on peut admirer des maisons à colombages*, des ponts* couverts et des tours de guet* médiévales à proximité des quatre canaux de la Petite France, l'ancien quartier des tanneurs*. On peut visiter la cathédrale Notre-Dame, le palais Rohan, qui abrite l'une des plus importantes collections de porcelaines de France, le musée historique, lié au passé de la ville, et enfin le musée alsacien qui présente les traditions, le mobilier et les costumes traditionnels de la région.

▶▶ Lyon

Située au confluent du Rhône et de la Saône, la ville a été fondée en 43 av. J.-C. par un lieutenant de Jules César. Elle est ensuite devenue la capitale de la Gaule celtique. Le vieux Lyon possède de nombreux monuments : la cathédrale Saint-Jean, des immeubles* du XIIIe au XVIIe siècle, des édifices à l'architecture* Renaissance*, le musée des Beaux-Arts, et le musée des Tissus et des Arts décoratifs. Au sommet* de la colline de Fourvière se trouvent deux théâtres romains, le Grand-Théâtre et l'Odéon. Le chemin du rosaire conduit à la basilique Notre-Dame de Fourvière. Lyon est aussi une capitale gastronomique : dans les bouchons*, les restaurants typiques de la ville, on déguste des andouillettes, des spécialités charcutières, et des quenelles, des préparations farcies de poisson* ou de volaille*.

▶▶ Marseille

La deuxième ville de France a été fondée par les Grecs au VIIe siècle av. J.-C. Elle s'appelait à l'époque *Massalia*. Conquise en 49 av. J.-C. par les Romains, elle devient le premier port de France et la porte de l'Occident vers l'Orient. Les couleurs*, les parfums et les rythmes agités de la Canebière, la rue principale de la ville, animent le Vieux-Port et son célèbre marché aux poissons. Au sommet de la colline se trouve la basilique Notre-Dame-de-la-Garde, bâtie entre 1853 et 1864. Son beffroi* est surmonté d'une immense Mère à l'enfant recouverte d'or qui domine Marseille. Elle est devenue la protectrice de la ville et les Marseillais, qui y sont très attachés, l'ont surnommé la « Bonne Mère ». À 2 km au large se trouve une petite île où se dresse le château* d'If, une forteresse* construite au XVIe siècle. Elle est devenue célèbre grâce à l'écrivain* Alexandre Dumas qui y a enfermé le héros* de son chef-d'œuvre*, le *Comte de Monte-Cristo*.

▶▶ Montpellier

Le chef-lieu du Languedoc-Roussillon est une ville dynamique au cœur* ancien. C'est une ville universitaire, jeune et animée : beaucoup d'étudiants se donnent rendez-vous dans les cafés de la place* de la Comédie. Les ruelles* du centre historique débouchent sur de petites places ombragées, des fontaines et de beaux hôtels particuliers* (l'hôtel de Manse, l'hôtel des Trésoriers de la Bourse). Le quartier de l'Antigone, créé par Ricardo Bofill, reflète le style de cet architecte* postmoderniste qui s'inspire de l'architecture grecque. La cathédrale Saint-Pierre, quant à elle, représente le style gothique méridional et a l'aspect d'une véritable forteresse. Si vous préférez les musées, faites un détour* par le musée Fabre, qui propose une importante collection de tableaux* français, ou bien par le musée languedocien, qui abrite des collections d'objets de la Préhistoire et de l'art* roman.

▶▶ Toulouse

« La ville rose », surnommée ainsi en raison* de ses magnifiques demeures de briques* roses, possède de beaux hôtels particuliers et des musées comme le musée des Augustins ou le couvent des Jacobins. La basilique Saint-Sernin, la plus grande église romane conservée en Europe, a un clocher de forme octogonale qui s'élève à une hauteur* de 65 m. Sur la place du Capitole se trouve l'hôtel de ville. Quatrième ville de France, Toulouse est une ville universitaire et industrielle. L'université de Toulouse, fondée en 1229, est fréquentée par plus de 110 000 étudiants. Toulouse est aussi la capitale de l'aérospatial : c'est là que sont nés le Concorde, l'Airbus et la fusée* *Ariane*. La Cité de l'espace, un grand parc d'attractions consacré à l'espace et situé au sud-est de la ville, propose un planétarium, des expositions interactives et une reproduction grandeur nature de la fusée *Ariane 5*.

▶▶ Nantes

Nantes a disputé pendant longtemps à Rennes le titre de capitale de la Bretagne. C'est le chef-lieu de la région Loire-Atlantique depuis 1941. Le monument le plus important de la ville est le château des Ducs de Bretagne. C'est là qu'a passé son enfance la duchesse Anne de Bretagne. En 1598, Henri IV y a signé* le célèbre édit de Nantes, texte qui accordait la liberté de culte aux protestants. Au niveau* architectural, citons également la cathédrale Saint-Pierre-et-Saint-Paul et l'église Sainte-Croix. En ce qui concerne les musées, vive l'originalité : le musée de la Machine à coudre, le musée des Sapeurs-pompiers de Loire-Atlantique, ou bien encore le musée Jules-Verne (le célèbre écrivain est né à Nantes en 1828). Jardins (le jardin des plantes, le jardin des cinq sens), parcs… Nantes est une ville très fleurie. Elle est même classée quatre fleurs* au concours villes et villages fleuris de France. Mais ce n'est pas tout ! C'est aussi une ville à vocation sportive* ! Le FC Nantes Atlantique est l'une des équipes qui possèdent le plus beau palmarès* de France (huit championnats et trois Coupes de France). La ville possède aussi le principal club d'athlétisme de la région et le club de tennis de table le plus important du pays*.

① **Chasse aux villes ! Écrivez sous chaque photo le nom de la ville représentée.**

1 ....

2 ....

3 ....

4 ....

5 ....

6 ....

LA VILLE

CONNAISSEZ-VOUS LES VILLES FRANÇAISES ?

● **Trouvez les intrus. N'oubliez pas de justifier votre choix.**

1 Cathédrale Saint-Pierre-et-Saint-Paul – Marché aux poissons – Notre-Dame-de-la-Garde – Château d'If – Canebière

....

2 Antigone – Place de la Comédie – Cité de l'espace – Musée Fabre – Cathédrale Saint-Pierre

....

3 Cathédrale Notre-Dame – Palais de l'Europe – Hôtel de Manse – Palais Rohan – Musée alsacien

....

4 Château des Ducs de Bretagne – Église Sainte-Croix – Jardin des plantes – Grand Place – Musée Jules-Verne

....

5 Notre-Dame-de-Fourvière – Cathédrale Saint-Jean – Petite France – Grand Théâtre – Musée des Beaux-Arts

....

6 Basilique Saint-Sernin – Musée des Augustins – Place du Capitole – Couvent des Jacobins – Odéon

....

LIEUX CACHÉS

● **Trouvez les quinze noms de lieux et de villes cachés dans la grille.**

Arras Boulogne-sur-Mer Dunkerque
Estaminet Euralille Flandres Hondschoote
Le Touquet Lille Lyon Montpellier
Marseille Nantes Strasbourg Toulouse

B	O	U	L	O	G	N	E	S	U	R	M	E	R	H
M	O	N	T	P	E	L	L	I	E	R	G	S	A	O
A	G	T	O	U	L	O	U	S	E	M	P	C	E	N
R	H	N	A	N	T	E	S	B	D	J	C	I	P	D
S	T	R	A	S	B	O	U	R	G	V	A	N	Q	S
E	U	R	A	L	I	L	L	E	H	F	T	L	N	C
I	D	U	N	K	E	R	Q	U	E	T	A	E	M	H
L	I	L	L	E	M	A	R	R	A	S	Z	I	W	O
L	E	T	O	U	Q	U	E	T	H	G	V	S	Y	O
E	S	T	A	M	I	N	E	T	L	U	R	M	N	T
L	Y	O	N	F	L	A	N	D	R	E	S	H	J	E

Civilis@Ction

● **V**ous désirez mieux connaître les villes françaises. Choisissez une ville, puis, par groupes, complétez la fiche suivante. Aidez-vous d'Internet et des pages précédentes.

Ville	
Histoire	
Monuments	
Sports	
Loisirs	
Gastronomie	
Traditions	
Curiosités	

● **L**es groupes ne communiquent pas le nom de la ville qu'ils ont choisie. Un rapporteur présente ensuite le travail effectué et la classe doit deviner de quelle ville il s'agit.

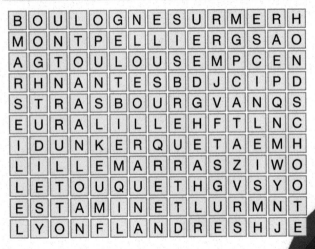

Je suis un vrai pro du hip-hop maintenant* Et toi, Camille ? Tu es championne de quoi ?

LE VILLAGE

Tu sais, Thomas, comme le dit la sagesse populaire, « Mieux vaut être le premier au village [1] que le deuxième à la ville ! »

1 Observez la photo. Ce village vous plaît-il ? Expliquez pourquoi.

1 **Le village :** le mot contient le préfixe latin *vill-*, qui signifie *ferme*, *domaine rural* et donc, par extension, *agglomération rurale*.

LE VILLAGE

L'Aquitaine [1],
une région aux multiples facettes

L'Aquitaine est située au sud-ouest de la France. D'un côté, elle longe l'océan Atlantique (c'est la Côte d'Argent), et de l'autre, elle s'étend vers l'intérieur des terres. Cette région, traversée par trois fleuves (la Garonne, la Dordogne et l'Adour), se compose de cinq départements : la Dordogne, la Gironde, les Landes, le Lot-et-Garonne et les Pyrénées-Atlantiques. Son climat* est doux et ensoleillé. 160 600 personnes* (il y a environ trois millions d'habitants en Aquitaine) parlent trois langues régionales : l'occitan et ses quatre variantes (le gascon, le béarnais, le languedocien et le limousin), le poitevin-saintongeais dans le pays* de Gabaye (nord de la Gironde et ouest du Périgord) et le basque (partie occidentale des Pyrénées-Atlantiques). L'Aquitaine est la première région viticole de France : elle produit le quart de la production viticole nationale. La gastronomie est variée et savoureuse : le foie gras, le confit* et le magret de canard* et d'oie, les huîtres, la lamproie à la bordelaise, la pipérade (un plat* basque à base d'œufs* battus, de poivrons* et de tomates*), la garbure (une soupe au chou, au lard et à la viande* confite), le jambon de Bayonne… La liste est longue… On se régale en Aquitaine !

1 L'Aquitaine : le nom de la région vient du latin *Aquitania*, dérivé à son tour de racines préceltiques au sens de *proche de la mer*.

LES VILLAGES

Dans cette région, il y a beaucoup de petits villages et ils sont souvent classés parmi* les plus beaux de France : Belvès, Monflanquin, Sare… De nombreuses habitations construites au Moyen Âge* sont en pierre, en crépi ou en terre, les matériaux locaux de l'époque. Les maisons sont parfois blanchies à la chaux, comme au Pays basque. Au fil des siècles, certains villages fortifiés, appelés bastides, ont joué un rôle de défense. Si leur église était importante, ils pouvaient devenir des évêchés.

▶▶ Saint-Jean-de-Côle

Grâce à ses tuiles* brunes, Saint-Jean-de-Côle, un village situé sur les collines du Périgord, a reçu le

premier prix des toits de France. Il est classé parmi les plus beaux villages de France grâce à ses monuments : maisons à colombages*, église romano-byzantine Saint-Jean-Baptiste du XIIe siècle, le château* de la Marthonie, prieuré construit par l'évêque* de Périgueux, Raynaud de Thiviers… Un vieux pont* du XIIe siècle enjambe la Côle, la rivière* qui donne son nom au village.

Tous les ans, au mois de mai, se déroulent les floralies de Saint-Jean : les fleuristes de la région décorent l'église et les rues* du village selon le thème choisi.

▶▶ Piraillan

Port ostréicole, cabanes de pêcheurs*, villas bâties près des dunes*, voilà Piraillan ! C'est un village typique du littoral aquitain, situé sur la presqu'île de Lège-Cap-Ferret. Son point fort, c'est sa superbe* réserve naturelle de 37 ha. Ouverte toute l'année, elle abrite cygnes et canards sauvages, fauvettes des marais* et même quelques rapaces !

LES VILLES

▶▶ Bordeaux

Bordeaux est le chef-lieu* de la région Aquitaine et du département de la Gironde. La place* des Quinconces, la plus grande place d'Europe (126 000 m²), offre une vue superbe sur le port où passe la Garonne. Après Paris, Bordeaux est la ville française qui possède le plus grand nombre de bâtiments protégés, comme le Grand-Théâtre, bâti entre 1773 et 1780 par l'architecte* Victor Louis, *le port de la lune*, le centre historique de la ville classé depuis 2007 au patrimoine mondial de l'UNESCO. Il faut également visiter la cathédrale Saint-André, l'église Saint-Seurin et l'église Saint-Michel. Le musée des Beaux-Arts possède une remarquable collection de peintures* de la Renaissance*. Le musée d'Aquitaine par contre est consacré à l'histoire locale. Bordeaux est une ville à déguster sans modération, en grignotant un bouchon* de Bordeaux, une confiserie à base de pâte* d'amandes* et de raisins* macérés dans de l'eau-de-vie, ou un canelé, un petit gâteau* aromatisé à la vanille et au rhum.

▶▶ Pau

Pau, chef-lieu du département des Pyrénées-Atlantiques, possède de merveilleux monuments, comme par exemple le château du XIIe siècle où est né Henri IV. À l'intérieur se trouvent de magnifiques tapisseries* des Gobelins. Depuis le boulevard* des Pyrénées, long de 1 800 m et planté de palmiers, on a une superbe vue sur les Pyrénées. La ville a une grande vocation sportive* : c'est ici que le premier terrain de golf du continent a été construit, témoignage* du lien entre Pau et le Royaume-Uni. Les stations de ski* des Pyrénées se trouvent à proximité, et sur les côtes basques et landaises, il est possible de pratiquer de nombreux sports nautiques.

▶▶ Périgueux

Le chef-lieu de la Dordogne, traversé par la rivière l'Isle, est classé ville d'art et d'histoire. Son centre-ville remonte* au Moyen Âge : la cathédrale Saint-Front, une des étapes du pèlerinage vers Saint-Jacques-de-Compostelle, est inscrite au patrimoine mondial de l'UNESCO. Cet édifice original à coupoles a été restauré au XIXe siècle par Paul Abadie qui s'en est inspiré pour la construction de la basilique du Sacré-Cœur à Paris. Périgueux conserve aussi d'importants vestiges de la ville gallo-romaine de Vésone : la tour* de Vésone, le jardin des Arènes et les ruines de l'amphithéâtre romain. Le musée de *Vesunna*, projeté* par l'architecte Jean Nouvel, est bâti sur les ruines d'une villa gallo-romaine, la domus des Bouquets.

① **Lisez le texte, puis complétez la fiche d'identité de l'Aquitaine.**

AQUITAINE	
Position	Gastronomie ....
Départements	Climat ....
Langues	Villes et villages ....
Montagnes	Attraits touristiques ....

② **De ville en village… À quel(e) ville ou village correspond chaque définition ?**

1 Son cœur médiéval mérite un détour. Ses toits ont reçu un prix ! C'est ....

2 On l'a surnommée « la ville aux mille palmiers ». C'est ....

3 Art romain et médiéval s'offrent ici aux visiteurs. C'est ....

4 Dégustation d'huîtres et promenade dans la nature. C'est ....

5 Le bouchon ferme les bouteilles d'un vin réputé, mais on peut aussi le déguster ! C'est ....

Vivre... Sarlat-la-Canéda

Sarlat est classée ville d'art et d'histoire : elle possède le plus grand nombre de monuments inscrits et classés au patrimoine de l'UNESCO au mètre carré en Europe. Grâce à cette richesse, la ville a été le décor* de nombreux films. Mais à quoi doit-on tout cela ?

Au Moyen Âge, la ville se développe autour d'une abbaye bénédictine, épargnée par les Vikings. Au XIVᵉ siècle, elle devient cité épiscopale et pendant la Renaissance*, elle s'enrichira de beaux hôtels particuliers* et de monuments. Tout ce patrimoine a été préservé grâce à l'application en 1962 d'une loi sur la restauration des zones sauvegardées. En 1965, les deux communes de Sarlat et La Canéda ont donné naissance à une seule commune, Sarlat-la-Canéda. Parmi* les 65 monuments protégés, citons par exemple la cathédrale Saint-Sacerdos, bâtie entre le XIIᵉ et le XIVᵉ siècle, le château* de Temniac, qui remonte* au XVᵉ siècle, et la lanterne des Morts, une tour* haute d'environ 10 m datant du XIIᵉ siècle. Mais c'est toute la ville qui est un véritable joyau* : la place* de la Liberté, bordée d'hôtels particuliers et de vieilles maisons, la place du Peyrou où se trouve la maison natale de La Boétie, l'ami de Montaigne, la rue* de la Salamandre aux façades* ornées de ce petit animal*, emblème de François Iᵉʳ, la rue des Consuls et ses maisons de notables...

Mais les touristes apprécient également la gastronomie de la région : foie gras et truffes* noires en tête* !

① **Vrai ou faux ? Cochez la bonne case et corrigez les affirmations qui sont fausses.**

1 Sarlat-la-Canéda est la ville qui a le plus grand nombre de monuments au mètre carré au monde.
V ☐ **F** ☐ ....

2 La ville possède 65 monuments classés ou inscrits au patrimoine de l'UNESCO.
V ☐ **F** ☐ ....

3 Les monuments de Sarlat ont été préservés grâce à un projet pour la sauvegarde des monuments français.
V ☐ **F** ☐ ....

4 Les communes de Sarlat et de La Canéda sont devenues une seule commune en 1975.
V ☐ **F** ☐ ....

5 Les visiteurs apprécient aussi bien les monuments que la gastronomie.
V ☐ **F** ☐ ....

Une balade* gourmande*
au marché de Sarlat

À Sarlat-la-Canéda, le samedi, de 8 heures 30 à 13 heures, c'est le jour du marché alimentaire, pour la joie des gourmets* et des gourmands : des fromages* et de la charcuterie*, mais aussi des confits* d'oie, des magrets de canard*, du foie gras, des volailles*, de l'huile* de noix*, des cèpes*, des truffes*... Et puis aussi des fruits*, surtout des fraises* et des noix, et des légumes*. Le marché, qui a lieu place de la Liberté en plein cœur* de la ville, est toujours très animé et coloré ! Le 11 et le 12 juin, on fête les *Journées du terroir*, et l'on trouve tout ce que peut offrir de mieux la gastronomie. Le premier dimanche de juillet, on célèbre depuis 1903 la *Félibrée*, une grande fête traditionnelle où tous les spectacles et manifestations sont en occitan.

1 Connaissez-vous les produits et les spécialités du marché de Sarlat cités dans le texte ? Écrivez leur nom sous la photo correspondante, puis associez-les à la bonne définition.

A ....   B ....   C ....

D ....   E ....   F ....

1 ☐ Variété de champignons très appréciée.

2 ☐ Foie de canard ou d'oie consommé froid ou tiède.

3 ☐ Tubercules souterrains très recherchés.

4 ☐ Fruits rouges.

5 ☐ Viande cuite et conservée dans sa graisse.

6 ☐ Fruits secs.

Un jour, une tradition…
le 1er mai et la fête du muguet*

Le 1er mai au Bournat, en Dordogne, on célèbre le *muguet en fête* : on offre cette fleur* blanche et parfumée aux personnes que l'on aime, et on écrit des poèmes* à thème.

Le 1er mai, on offre le muguet porte-bonheur dans toute la France : on en trouve à tous les coins de rue*, sur les places*, dans les magasins*… Cette fleur, qui symbolise le printemps*, avait déjà la réputation de porter bonheur* chez les Celtes. La plante à clochettes avait aussi son *bal du muguet*. Il était organisé au printemps dans plusieurs pays* d'Europe : les filles s'habillaient en blanc et les garçons mettaient un brin* de muguet à leur boutonnière*. Mais d'où vient la tradition d'offrir du muguet le 1er mai ? Elle remonte* à l'année 1561, quand le roi* Charles X, qui avait reçu lui aussi du muguet à cette même date, en offre à toutes les dames de la cour. À partir du 1er mai 1562, la tradition s'est renouvelée tous les ans. Il faudra attendre 1941, pour que le 1er mai soit désigné comme le jour de la fête du travail*.

Mais attention, le muguet est aussi une plante toxique ! On a seulement le droit de le regarder et de sentir* son parfum…

1 **Lisez le texte, puis répondez aux questions.**

1 Où est-ce qu'on offre du muguet le 1er mai ?

....

2 Quelle est l'origine de cette tradition ?

....

3 Quelle vertu attribue-t-on à la plante à clochettes ?

....

4 Quelles sont les caractéristiques de cette fleur ?

....

Je vous offre un brin de muguet ? Ça porte bonheur !

À la découverte de... la Côte d'Argent

1 Camille rencontre sa copine bordelaise Manon qui lui parle de la côte aquitaine. Écoutez tout d'abord l'enregistrement, puis soulignez sur la carte les lieux cités...

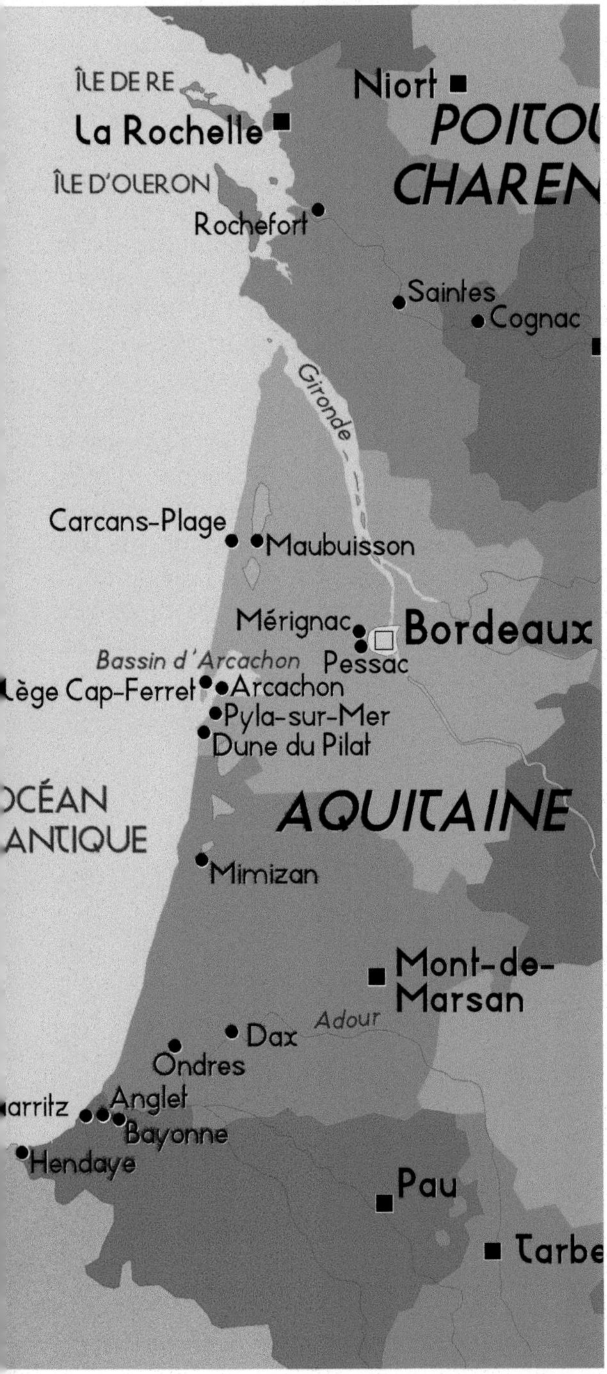

ÎLE DE RE

Niort

La Rochelle

POITOU

ÎLE D'OLERON

CHAREN

Rochefort

Saintes

Cognac

Gironde

Carcans-Plage

Maubuisson

Mérignac

Bordeaux

Pessac

Bassin d'Arcachon

ège Cap-Ferret — Arcachon

Pyla-sur-Mer

Dune du Pilat

AQUITAINE

OCÉAN
ANTIQUE

Mimizan

Mont-de-Marsan

Adour

Dax

Ondres

arritz — Anglet

Bayonne

Hendaye

Pau

Tarbe

2 ...cochez ensuite les bonnes réponses.

1 La Côte d'Argent doit son nom à
   a ☐ ses mines d'argent.
   b ☐ la couleur de l'eau de l'océan.

2 Ses plages sont formées de
   a ☐ cailloux.
   b ☐ cailloux et de sable fin.
   c ☐ sable fin.

3 La dune du Pilat mesure
   a ☐ plus de 100
   b ☐ 100   mètres.
   c ☐ moins de 100

4 Elle s'étend sur
   a ☐ 3
   b ☐ 0,3   kilomètres.
   c ☐ 1,3

3 DELF **À l'écrit. Dans quelques jours, c'est l'anniversaire de Thomas. Camille décide de lui envoyer une carte d'anniversaire.**

Salut, Thomas !

....

....

....

....

Camille

> Nous sommes à deux pas des Pyrénées et de l'Espagne. Je vous propose donc de partir sur les traces d'un héros* légendaire...

Entre légende et histoire...
La Chanson de Roland

En 778, Charlemagne, l'empereur* des Francs, décide de combattre les Musulmans en Espagne. Il confie son armée à son neveu Roland, le plus courageux et fidèle de ses chevaliers. Mais Ganelon, le beau-frère de Charlemagne, trahit les Francs et donne des informations aux Sarrasins. Ces derniers tendent une embuscade à l'armée de Charlemagne au col de Roncevaux, dans le nord de l'Espagne. Le courage de Roland ne peut rien faire contre autant d'ennemis. Blessé à mort, il sonne l'olifant [1] pour appeler au secours. Puis, pour ne pas laisser Durandal, son épée légendaire, aux mains de l'ennemi, il décide de la briser* sur un rocher*. Mais la lame reste intacte et fait éclater le rocher, en ouvrant « la brèche* de Roland ». Le courage de Roland nous a été rapporté grâce à la *Chanson de Roland*, un poème* épique composé de 4 000 vers, écrit au XIᵉ siècle. Son auteur reste encore inconnu. D'après la légende, le chevalier s'adresse à l'archange Saint-Michel, puis il lance Durandal : l'épée vole pendant des centaines de kilomètres et s'enfonce dans le rocher de Notre-Dame à Rocamadour, où l'on peut la voir aujourd'hui encore. Ça, c'est la légende... Selon l'histoire, Charlemagne aurait combattu contre les Vascons (des Basques) pour des raisons* politiques, et non pour des raisons religieuses.

1 Un olifant : cor en ivoire fabriqué avec une défense d'éléphant.

① **Lisez le texte, puis faites la liste des qualités de Roland.**

② **DELF À l'oral. Répondez aux questions.**
Qui est Roland ? Pourquoi est-il célèbre ? Que dit la légende à propos de Durandal ?
Comment l'histoire de Roland est-elle arrivée jusqu'à nous ?

Être un ado sportif*
au Pays basque

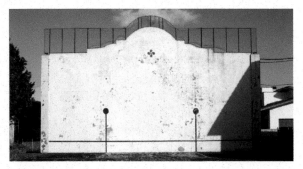

La pelote* est un jeu* traditionnel basque. C'est un jeu tellement populaire qu'une partie de pelote est organisée à l'occasion de toutes les manifestations. De plus, chaque village possède son propre fronton*. Le fronton est un mur de 9,5 m de haut et 10,5 m environ de long. C'est un sport assez compliqué qui comprend plusieurs spécialités et que l'on apprend dès son plus jeune âge. La pelote est une balle qui peut être de tailles et de poids différents. Elle peut être en gomme ou en cuir. Le but* du jeu est de toujours renvoyer la pelote sur le fronton. Si l'on n'y parvient pas, on perd le point. Chaque joueur doit frapper la pelote avant ou après son premier rebond sur le sol*. Pour frapper la pelote, on dispose de plusieurs instruments : les *chisteras*, des corbeilles* en osier*, et les *palas*, des raquettes en bois*. Les joueurs sont munis de casques pour se protéger, car les pelotes peuvent atteindre 300 km/h ! De plus, la tenue vestimentaire (un tee-shirt ou un polo à col, un pantalon ou une jupe) doit être blanche, à part le gerriko (une écharpe) qui peut être rouge ou bleu* suivant l'équipe.

La pelote n'est pas seulement un rendez-vous estival pour les Basques. C'est aussi un sport professionnel* organisé en onze ligues régionales (y compris la Réunion et la Nouvelle-Calédonie !). Ces ligues organisent des championnats régionaux en vue du championnat de France qui a lieu* en août. Qu'est-ce que vous attendez ? *Jo !* [1]

1 Jo : mot basque qui annonce le service à la pelote.

1 **Lisez le texte, puis complétez la fiche technique sur la pelote basque.**

Votre tenue est prête* ? Ça vous dit une partie de pelote avant de continuer notre voyage* ?

La pelote basque

Caractéristiques du terrain de jeu ....
....
Caractéristiques de la pelote ....
....
Instruments de frappe ....
....
Équipement du joueur ....
....
Règles du jeu ....
....

Villages de France

▶▶ Barfleur

Port de pêche et de plaisance, Barfleur était le premier port du vieux royaume anglo-normand. Ce village est situé à l'extrémité nord-est du Cotentin, en Basse-Normandie, dans le département de la Manche. Le visiteur peut assister à l'arrivage du poisson* sur le quai* et goûter la Blonde de Barfleur, une moule* très appréciée. Il peut aussi visiter le centre historique avec la cour médiévale Sainte-Catherine et le jardin des Augustins. Tout près, le sémaphore et le phare* de Gatteville, le deuxième plus haut phare d'Europe, veillent sur le repos des habitants.

▶▶ Eguisheim

Ce village alsacien, classé parmi* les plus beaux villages de France depuis 2003, est situé dans le département du Haut-Rhin. Ses ruelles* pavées s'enroulent en trois cercles concentriques autour de son château* du VIIIᵉ siècle. Les balcons de ses maisons aux façades* à pans de bois* sont fleuris de géraniums (ici, ils sont appelés *pélargoniums*). Ses décorations florales lui ont fait gagner le grand prix national du fleurissement, mais aussi la médaille d'or au concours européen de l'Entente florale en 2006. Près du village se trouve aussi *Cigoland*, un parc où vivent des cigognes blanches, symboles de la région.

▶▶ Les Baux-de-Provence

Bâti sur un rocher* surplombant le paysage des Alpilles, ce village, situé dans les Bouches-

du-Rhône dans la région Provence-Alpes-Côte d'Azur, offre aux visiteurs un panorama à couper le souffle*. Ce lieu*, classé parmi les plus beaux villages de France depuis 1999, a eu une histoire très tourmentée, où les périodes de violence (le Moyen Âge* des seigneurs des Baux) alternent à des années de fastes* (la baronnie des Baux en 1426). À partir de la fin du XVᵉ siècle, de nombreuses luttes opposent les catholiques aux protestants : la paix reviendra sous la domination des Grimaldi de Monaco en 1639. À partir de

1945, les Baux renaissent grâce aux artistes et aux artisans qui, fascinés par la beauté* des ruines, s'y installent et commencent à restaurer le village et le château. Aujourd'hui, on peut se marier* dans le château, entourés de personnages en costume d'époque.

▶▶ Piana

Bâti sur un plateau de 438 mètres d'altitude, le village de Piana, situé en Corse-du-Sud, surplombe le golfe de Porto et les presqu'îles de Senino et Scandola. Grâce à ses maisons blanches disposées en forme d'amphithéâtre, à l'animation de ses boutiques, à ses bars et à ses restaurants, ce village fait partie des plus beaux villages de France. Ses calanques de granit rose, d'une hauteur* de 300 mètres, ont été classées au patrimoine mondial de l'UNESCO.

▶▶ Rocamadour

La cité de Rocamadour se situe dans la région Midi-Pyrénées, dans le département du Lot. Elle est bâtie au flanc de la falaise* qui borde le canyon de l'Alzou. En se rendant à Saint-Jacques-de-Compostelle, les pèlerins* s'arrêtaient visiter un sanctuaire primitif dédié à la Vierge. Après avoir visité le sanctuaire, ils parcouraient à genoux les 216 marches qui conduisaient à la cité religieuse où se trouvaient sept églises et des chapelles*. Aujourd'hui, Rocamadour conserve encore d'importants vestiges de cette époque : huit des onze portes fortifiées, des maisons médiévales, l'hôtel de

ville du XVe siècle et la chapelle Notre-Dame, qui abrite la statue de la Vierge noire, datant du XIIe siècle.

▶▶ Saint-Véran

Saint-Véran, un village situé dans le département des Hautes-Alpes (Provence-Alpes-Côte d'Azur), est la commune la plus haute d'Europe (2 040 m d'altitude). Uniques en Europe ses maisons en bois de mélèze* et aux toits en ardoise datent du XVIIIe et du XIXe siècle. En parcourant ses ruelles, on

découvre des cadrans solaires, typiques non seulement de Saint-Véran mais de tout le Queyras. L'artisanat local est florissant : coutellerie (le Haut Alpin est le couteau* le plus connu) et industrie textile artisanale (fabrication de linge* de table, dentelle*, tricotage* de la laine). Visiter le Soum, un chalet transformé en musée, permet de découvrir les traditions locales et les habitudes de la vie montagnarde d'autrefois.

1 Chasse aux villages ! Écrivez sous chaque photo le nom du village représenté.

1 ....

2 ....

3 ....

4 ....

5 ....

6 ....

2 Lisez le texte, puis complétez le tableau.

Village	Département	Région	Attraits touristiques	Curiosités
Barfleur				
Eguisheim				
Les Baux-de-Provence				
Piana				
Rocamadour				
Saint-Véran				

LE VILLAGE

MOTS ÉGARÉS

- Aidez-vous des pages précédentes pour recomposer les dix mots éparpillés dans les ronds.

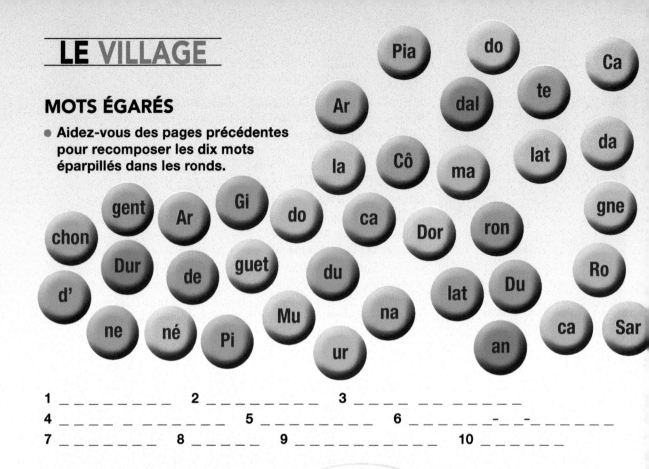

1 _ _ _ _ _ _ _ _   2 _ _ _ _ _ _ _ _ _   3 _ _ _ _ _ _ _ _ _ _

4 _ _ _ _ _ _ _ _ _   5 _ _ _ _ _ _ _ _   6 _ _ _ _ _ _ _ - _ _ - _ _ _ _ _ _

7 _ _ _ _ _ _ _   8 _ _ _ _ _   9 _ _ _ _ _ _ _ _ _ _   10 _ _ _ _ _ _

Civilis@ction

- **V**ous désirez mieux connaître les villages français. Choisissez un village, puis par groupes, complétez la fiche suivante. Aidez-vous d'Internet et des pages précédentes.

Village
Département/Région
Histoire
Monuments
Sports
Loisirs
Gastronomie
Traditions
Curiosités

- **C**haque groupe présente ensuite ses recherches à la classe. Vous pouvez réaliser des posters à afficher en classe ou bien un dépliant pour mieux faire connaître ce village. À vous de choisir...

> Nous voilà à la fin de notre visite, mais Thomas vous attend déjà pour vous emmener dans une région dont le chef-lieu* a une chouette pour symbole. C'est chouette, non ?

LA CAMPAGNE

Quelle tranquillité à la campagne [1]! En été*, on regarde les lucioles* qui brillent dans la nuit et on écoute le chant des grillons*. Et pendant les autres saisons* ?

1 **Observez les photos et associez-les à la bonne saison.**

a le printemps **b** l'été **c** l'automne **d** l'hiver

1 ☐   2 ☐   3 ☐   4 ☐

1 **La campagne** : le mot vient du bas latin *campania*, qui signifie *de la plaine*.

LA CAMPAGNE

La Bourgogne, une région à savourer

Terre de campagne et de vignobles*, la Bourgogne est située dans le centre-est de la France. Elle se compose de quatre départements : l'Yonne, la Côte-d'Or, la Nièvre et la Saône-et-Loire. La ville doit son nom au peuple* des Burgondes et devient duché de Bourgogne au Moyen Âge*.

La Bourgogne comprend le massif* du Morvan, les collines du Charolais et les monts du Mâconnais. Le climat* est continental, avec des hivers* froids et des étés* chauds*. C'est une région aux mille facettes : elle associe à un important patrimoine naturel, artistique et architectural les saveurs de sa gastronomie et les parfums de ses vins*, réputés* dans le monde entier. Venez goûter les escargots*, la fondue ou le bœuf* bourguignons !

LES VILLES

▶▶ Dijon

L'ancienne capitale du duché de Bourgogne est aujourd'hui le chef-lieu du département de la Côte-d'Or. Le vieux Dijon offre des édifices réalisés en pierre de Dijon, un calcaire très dur typique de la région, de belles façades* anciennes et des toits aux tuiles* multicolores, ainsi que des églises : la cathédrale Saint-Bénigne (XIVe siècle), l'église Saint-Étienne et l'église Notre-Dame. Sur le contrefort* ouest de la chapelle* de l'église Notre-Dame se trouve le porte-bonheur de la ville. Il s'agit d'une chouette en pierre usée par le temps. Dans l'Antiquité, la chouette était l'oiseau* d'Athéna, la déesse de la sagesse. Il faut donc toucher la chouette et exprimer un vœu*.

De nombreux musées ouvrent leurs portes aux visiteurs : le musée des Beaux-Arts, installé dans le palais des ducs de Bourgogne, le musée archéologique et le musée d'art sacré.

▶▶ Auxerre

Chef-lieu* du département de l'Yonne, cette agréable ville, riche en monuments à visiter, mais aussi en espaces verts, est classée ville d'art* et d'histoire. Venez découvrir son centre-ville, dominé par la tour* de l'Horloge, et décoré de nombreuses sculptures en bois*. Visitez l'abbaye de Saint-Germain, qui remonte* à l'an 800, et promenez-vous* dans son jardin ou dans l'arboretum [1] Darnus-Rantheaume. L'église Saint-Eusèbe abrite de beaux vitraux*. Empruntez aussi le chemin de halage, le long du canal* du Nivernais.

Si vous aimez la musique, ne manquez pas le *Festival international musique et cinéma* et le *Festival Aux Zarbs*, un festival de musique qui a lieu* en juillet.

▶▶ Mâcon

Au sud de la région se trouve la ville de Mâcon, le chef-lieu du département de Saône-et-Loire. Le centre historique est enchanteur* grâce aux

---

1 **Un arboretum :** lieu consacré à la culture expérimentale d'arbres ou d'arbustes.

façades colorées et aux toits de tuiles des maisons. Sans compter tous les monuments à visiter : la cathédrale Saint-Vincent, le musée des Beaux-Arts et l'hôtel de Senecé, qui abrite un musée consacré à Lamartine, le célèbre poète né à Mâcon en 1790. De plus, les jeunes peuvent pratiquer de nombreuses activités sportives*, et en 2002, le journal *L'Équipe* a élu Mâcon (parmi* les villes de 20 000 à 100 000 habitants) « la ville la plus sportive de France ».

▶▶ Nevers

La ville, chef-lieu du département de la Nièvre, est aussi appelée la *cité des Ducs* : elle conserve encore le palais ducal, aujourd'hui annexe de la mairie* et siège* d'expositions.
La ville de Nevers est également connue pour le sport. En effet, elle accueille tous les ans, sur le circuit de Nevers Magny-Cours, le *Grand Prix de France de Formule 1* et le *Bol d'Or*, une compétition* motocycliste qui suscite un grand intérêt : près de 100 000 spectateurs y assistent chaque année. Mais les événements culturels, notamment ceux liés à la musique, jouent un rôle très important dans cette ville : *Nevers à vif* est un festival de musique rock et *Nevers D'Jazz* est une manifestation internationale de jazz.

LES ABBAYES

La Bourgogne possède également de magnifiques abbayes. Avant la construction de Saint-Pierre à Rome, l'abbaye de Cluny était le plus grand édifice du monde chrétien : il mesurait 187 mètres de long ! Aujourd'hui, on peut seulement visiter les bâtiments construits sous l'Ancien Régime. La basilique Sainte-Madeleine de Vézelay, patrimoine mondial de l'Unesco, est au début* du XIIᵉ siècle un passage obligé pour les pèlerins* qui se rendent à Saint-Jacques-de-Compostelle. L'abbaye de Fontenay fait elle aussi partie du patrimoine mondial de l'UNESCO : c'est l'un des plus anciens monastères cisterciens d'Europe. Bâtie par saint Bernard en 118, elle accueille aujourd'hui plus de 120 000 visiteurs par an.

---

1 **Lisez le texte, puis complétez la fiche d'identité de la Bourgogne.**

BOURGOGNE	
Position	Gastronomie ....
Départements	Villes principales ....
Montagnes	Attraits touristiques ....
Climat	Manifestations culturelles ....

2 **D'une ville à l'autre... À quelle ville correspond chaque définition ?**

1 Trois cercles dans son blason, c'est la ville la plus au sud de la région !
C'est ....

2 Si au Grand Prix de Formule 1 vous voulez assister, c'est dans cette ville que vous devez aller !
C'est ....

3 Jardins, culture, festivals de musique, pas de doute, cette ville est unique !
C'est ....

4 Ville de ducs, capitale des gourmets, le savoir-vivre est le premier de ses attraits !
C'est ....

LA CAMPAGNE

Une page gourmande...
Les trois gloires de Dijon

Moutarde*, pain d'épices* et crème de cassis* :
voilà les trois gloires de Dijon !

La moutarde de Dijon est préparée avec des graines de moutarde* noire qui ont la particularité d'avoir du goût sans piquer*. C'est pourtant son goût piquant qui la rend si célèbre. Comment expliquer alors ce mystère ? C'est simple : les graines sont plongées dans le verjus* (le jus extrait des raisins* encore verts), ce qui donne à la moutarde son célèbre goût piquant. Les ducs de Bourgogne en appréciaient les vertus digestives et l'utilisaient pendant leurs repas. De Dijon, elle arrivera plus tard à la cour française, puis dans toute l'Europe.

Deuxième gloire de la ville, le pain d'épices. De la farine* et du miel* pétris* ensemble, puis mis au four*. Sa recette* est très simple, mais son histoire est très longue. Probablement née en Chine, adoptée par les Arabes, cette délicieuse pâtisserie a sûrement été découverte par les Européens à l'occasion des Croisades. En France, c'est la ville de Reims qui fabrique la première le pain d'épices, qui fait son apparition à Dijon seulement au début* du XVIIIe siècle.

La crème de cassis, troisième gloire de la ville, a été inventée à Dijon il y a 150 ans. Pour l'obtenir, on fait macérer des baies* de cassis dans de l'alcool. Elle devient célèbre grâce au chanoine Kir, le maire de Dijon : il avait l'habitude de servir du vin blanc*-cassis comme apéritif lors des réceptions officielles. Le kir* se compose d'un quart de crème de cassis de Dijon et de trois quarts de vin blanc aligoté, c'est-à-dire un vin blanc bourguignon.

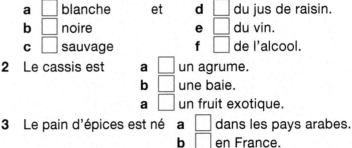

Dijon possède aussi ses propres mots ! Si je vous dis que j'aime les treuffes, rien à voir avec les truffes* ! Il s'agit tout simplement... des pommes de terre* !

1 À chaque spécialité, sa recette ! Lisez tout d'abord le texte, puis retrouvez les ingrédients de base de chaque spécialité...

Moutarde : 1 .... 2 ....
Pain d'épices : 1 .... 2 ....
Crème de cassis : 1 .... 2 ....
Kir : 1 .... 2 ....

2 ...cochez ensuite les bonnes réponses.

1 Pour préparer la moutarde de Dijon, on utilise des graines de moutarde

a ☐ blanche et d ☐ du jus de raisin.
b ☐ noire e ☐ du vin.
c ☐ sauvage f ☐ de l'alcool.

2 Le cassis est a ☐ un agrume.
b ☐ une baie.
a ☐ un fruit exotique.

3 Le pain d'épices est né a ☐ dans les pays arabes.
b ☐ en France.
c ☐ en Chine.

Cinéma, quelle passion !

1 Le critique de cinéma a mélangé les interprètes, les réalisateurs, les années de sortie et les histoires des deux films ! Remettez un peu d'ordre en complétant les fiches !

> Victoire Thivisol   Gérard Depardieu   Juliette Binoche
> Anne Brochet   Vincent Perez   Johnny Depp
> Jean-Paul Rappeneau   Lasse Hallström   2001   1990

a Heureusement, Vianne a des amis qui décident de l'aider.

b Cyrano aide Christian à écrire des lettres d'amour pour conquérir sa bien-aimée.

c La jeune femme réussira à garder la chocolaterie et elle trouvera même l'amour…

d Cyrano de Bergerac, un gascon au long nez, est un excellent escrimeur et un bon poète.

e Mais le maire veut chasser la jeune femme qui, d'après lui, dérange la tranquillité du village.

f Elle tombe amoureuse du beau Christian, qui l'aime en retour.

g Malgré son aspect, il aime sa belle cousine Roxane.

h Un soir d'hiver, Vianne Rocher, une jeune mère célibataire, et sa fille arrivent au village de Lansquenet.

i Christian meurt au combat et Cyrano garde le secret jusqu'à sa mort.

j Vianne décide d'ouvrir une nouvelle boutique dans le village : la chocolaterie Maya.

LA CAMPAGNE

Les films Chocolat et Cyrano de Bergerac ont été réalisés en Bourgogne. Le premier à Flavigny-sur-Ozerain. Les habitants ont pu assister au tournage* du film et même être figurants*. Le deuxième a été réalisé à Dijon, rue* de la Chouette…

ONE TASTE IS ALL IT TAKES.

Chocolat

Interprètes :
....
....
....

Réalisateur :
....

Année de sortie dans les salles : ....

Résumé du film :
1 ☐ 2 ☐ 3 ☐ 4 ☐ 5 ☐

GÉRARD DEPARDIEU

CYRANO
DE BERGERAC
UN FILM DE JEAN-PAUL RAPPENEAU

Cyrano de Bergerac

Interprètes :
....
....
....

Réalisateur :
....

Année de sortie dans les salles : ....

Résumé du film :
1 ☐ 2 ☐ 3 ☐ 4 ☐ 5 ☐

LA CAMPAGNE

Vivre... Beaune

La ville de Beaune est considérée comme la capitale des vins* de la Bourgogne. En effet, elle est entourée par les vignobles* qui font la réputation des grands crus de la région. Beaune est aussi classée ville d'art* et d'histoire grâce à son patrimoine artistique et architectural : la collégiale Notre-Dame, le musée des Beaux-Arts et l'Hôtel-Dieu, appelé aussi les Hospices. C'est un magnifique édifice gothique aux tuiles* multicolores. Fondé le 4 août 1443, par Nicolas Rolin, le chancelier du duc de Bourgogne, il devait accueillir les

pauvres et les malades. Une grande partie des remparts* de la ville subsiste encore et ils sont l'occasion d'agréables promenades pour les visiteurs.

Mais revenons-en à la vocation viticole de Beaune : le musée du vin, situé dans l'hôtel des ducs de Bourgogne, vous révèle tout sur la vigne* et sur le vin, de l'Antiquité à aujourd'hui. Ses salles racontent l'histoire de la viticulture en Bourgogne : commerce du vin, évolution des bouteilles* et des verres*, construction des tonneaux*... Le musée expose également une collection de tapisseries* contemporaines sur le sujet.

Beaune est également connue pour sa vente à la bougie*. Il s'agit d'une vente aux enchères de vins qui a lieu* tous les ans, le troisième dimanche de novembre. Organisée par les Hospices, elle constitue la plus grande vente de charité du monde (tout l'argent récolté est reversé aux hôpitaux, à des associations ou à la recherche). Mais que signifie vente à la bougie ? Pour chaque bouteille, trois bougies sont allumées. Lorsque* la troisième s'éteint, les enchères prennent fin. On recommence alors pour la bouteille suivante...

1 Connaissez-vous les objets liés au vin ? Associez chaque mot à la photo correspondante.

a le taste-vin	**b** le verre à vin de Bourgogne	**c** la bouteille de vin
d la carafe à vin	**e** le tire-bouchon	**f** le bouchon

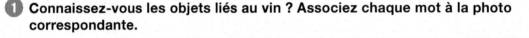

Des fleurs* des champs

1 Des champs fleuris
Associez chaque fleur à la photo correspondante.

a le bleuet   **b** le coquelicot   **c** le chardon   **d** le pissenlit   **e** la pâquerette
f le trèfle   **g** le myosotis   **h** le bouton-d'or

2 Le langage des fleurs
Les fleurs ont un langage spécial.
Associez chaque fleur à sa signification.

a Fidélité   **b** Jalousie   **c** Amour joyeux
d Incertitude   **e** Chagrin   **f** Amour timide
g Souvenir fidèle   **h** Amour ardent

1 ☐ la pâquerette
2 ☐ le bleuet
3 ☐ le chardon
4 ☐ le coquelicot
5 ☐ le pissenlit
6 ☐ le myosotis
7 ☐ le bouton d'or
8 ☐ le trèfle

> Connaissez-vous la légende du myosotis* ? Un chevalier et sa dame se promènent* le long d'une rivière*. Le chevalier se penche pour prendre une fleur bleue* qui flotte* sur l'eau*, mais il perd l'équilibre et tombe à l'eau. Avant de disparaître, il lance la fleur à sa dame et crie : « Ne m'oubliez* pas ! ».
> Ce nom est resté dans de nombreuses langues.

3 DELF **À l'oral. Choisissez trois fleurs, puis dites à qui vous les offririez et à quelle occasion.**

LA CAMPAGNE

Les loisirs· d'un ado en Bourgogne

TOUROPARC,
LE RÈGNE DES ANIMAUX· SAUVAGES

Vous aimez les animaux ? Alors, *Touroparc* vous attend à Romanèche-Thorins, en Saône-et-Loire. Dans ce parc zoologique vivent plus de 800 animaux protégés, en provenance des cinq continents. Le visiteur est un explorateur qui part à la découverte· des animaux d'Afrique : éléphants·, rhinocéros·, hippopotames·, panthères·, girafes·, antilopes·, chimpanzés·, aras, makis roux· et makis cattas·, perroquets amazones·, gorilles·, perruches·, lions·, orangs-outans·, flamants roses·, guépards·… Et comment résister au charme des tigres blancs royaux· ?

❶ Connaissez-vous les animaux cités dans le texte ? Écrivez tout d'abord leur nom sous la photo correspondante...

1 .... 2 .... 3 ....

4 .... 5 .... 6 ....

❷ ...placez-les ensuite dans la bonne catégorie.

Félins   Singes   Perroquets

❸ À l'oral. Portrait chinois
Complétez la phrase : « Si j'étais un animal, je serais… ». Justifiez ensuite votre choix. Vous pouvez continuer votre portrait en ajoutant une fleur, un sport, etc. Rédigez votre portrait chinois de manière anonyme. Il sera ensuite amusant de deviner qui est qui !

Être un ado sportif* en Bourgogne

LE TOURISME FLUVIAL

Le tourisme fluvial permet d'associer l'aventure de la navigation en bateau* à la possibilité de connaître de nouveaux endroits*. Si vous vous sentez* l'âme d'un capitaine... d'eau* douce, louez* un bateau sans permis, comme la pénichette, la barque* ou le canoë-kayak*. Si vous préférez davantage de confort, choisissez la croisière fluviale et voyagez en tant que passager à bord d'un bateau, d'une péniche* ou d'un paquebot*.

Grâce à la richesse de ses voies d'eau (le canal* de Bourgogne, le canal du Nivernais, le canal latéral à la Loire, le canal du Centre, le canal de Roanne), la Bourgogne est la région où le tourisme fluvial est le plus pratiqué en France. Choisissez votre circuit et

faites escale pour visiter Joigny, Auxerre et Roanne et déguster les spécialités de la gastronomie locale. C'est une expérience vraiment unique de vivre au rythme de l'eau, du passage des écluses* et d'admirer un paisible paysage de collines, de plaines et de forêts.

1 **Lisez le texte, puis associez chaque définition au mot correspondant.**

1 ☐ Canal		**a**	Petit bateau de tourisme fluvial.
2 ☐ Écluse		**b**	Navire destiné au transport des passagers.
3 ☐ Paquebot		**c**	Ouvrage destiné à retenir ou à faire passer l'eau.
4 ☐ Péniche		**d**	Bateau fluvial à fond plat.
5 ☐ Pénichette		**e**	Tourisme que l'on pratique sur les cours d'eau.
6 ☐ Tourisme fluvial		**f**	Cours d'eau artificiel.

2 **DELF À l'écrit. Thomas écrit un mot à Camille pour lui proposer de faire une croisière fluviale en péniche sur le canal de Bourgogne.**

Salut, Camille !

Thomas

LA CAMPAGNE

La France et la campagne

La campagne est constituée d'espaces cultivés, de bois* et de prés*. L'agriculture est aujourd'hui très mécanisée, ce qui a causé un exode rural et, par conséquent, un dépeuplement des campagnes. Cependant, de plus en plus de gens redécouvrent la tranquillité de la vie à la campagne, loin des espaces urbanisés.

LE TOURISME VERT

On appelle tourisme vert les vacances* passées à la campagne dans des gîtes ruraux*, des logements très rustiques, ou dans des chambres d'hôtes, des chambres chez l'habitant. La campagne est la destination des vacances d'un grand nombre de Français. Ils aiment pratiquer des activités en plein air et vivre au contact de la nature et des animaux de la ferme, comme les chèvres*, les chevaux*, les moutons*, les cochons*, les poules*, les coqs*, les ânes*… On peut donc partir à la découverte* de la faune et de la flore ou pratiquer de nombreuses activités en plein air comme la randonnée pédestre et équestre, la pêche…

De plus, en Bourgogne, le Parc régional du Morvan a réalisé un projet qui soutient le tourisme vert. Ce projet favorise le respect de la nature et de l'environnement*, grâce à des mesures de protection et de mise en valeur du patrimoine. Et vous, êtes-vous des flâneurs verts ?

1 **Lisez le texte, puis répondez aux questions.**

1 Qu'est-ce que l'exode rural ? ....
2 Qu'est-ce que le tourisme vert ? ....

2 **Un animal, un dicton !**
Complétez les phrases avec le nom de l'animal qui convient.

1 Il a trouvé la .... aux œufs d'or.
2 Julie saute toujours du .... à l'........................ .
3 Il faut essayer de ménager la .... et le chou.
4 Pour m'endormir, je compte toujours les ....
5 Cédric est sale comme un ....

[1]

[2]

[2]

[3]

[4]

[5]

3 Un mois, un dicton ! La sagesse populaire a créé beaucoup de dictons liés à la campagne et aux mois de l'année. Remettez les lettres dans l'ordre, puis complétez les dictons avec le mois de l'année qui convient.

1 Beau temps en ...., abondance de grain.

2 Les douze premiers jours de .... indiquent le temps qu'il fera pendant toute l'année.

3 Pluie de ...., vigne abondante.

4 .... trop beau, été dans l'eau.

5 .... en rosée abondant rend le paysan content.

6 Neige en ...., bon temps pour les blés.

7 En ...., ne te découvre pas d'un fil.

8 Chaleur d'........................, c'est du bien partout.

9 .... tout en bruine [1] annonce hiver et ruine.

10 .... pluvieux, an disetteux.

11 .... ensoleillé remplit caves et greniers.

12 Le vent de .... arrache la dernière feuille.

| UIJN |
| ANIERJV |
| PSEEBREMT |
| ÉMDBREC |
| AIM |
| ÉVRIRFE |
| LARIV |
| TÂOU |
| BOTOREC |
| ASRM |
| TUILEJL |
| VONEMREB |

1 La bruine : pluie très fine et froide.

4 ᴰᴱᴸᶠ À l'oral. Et chez vous, existe-t-il les mêmes dictons ?

LES VINS DE BOURGOGNE

1 Le vin rouge est l'un des produits phare de la Bourgogne.
Thomas a interviewé Olivier. Écoutez l'interview, découvrez sa profession, cochez les bonnes réponses et complétez le tableau.

1 Olivier est ....

2 La Bourgogne représente
a ☐ 0,16%   **b** ☐ 0,6%   **c** ☐ 0,10%   du vignoble mondial.

3 La qualité d'un vin dépend
a ☐ du sol   **d** ☐ du cépage
b ☐ du climat   **e** ☐ du travail de l'homme.
c ☐ des bouteilles

4

Vin	Robe			Arômes/Bouquet			
Type de vin	blanche	rosée	rouge	fruits	fleurs	poivre	truffe
Chablis							
Meursault							
Pommard							
Romanée Conti							

LA CAMPAGNE

BOURGOGNE ILLUSTRÉE

● Complétez la grille et vous obtiendrez le nom du symbole de Dijon.

Le symbole de la ville de Dijon est la _ _ _ _ _ _ _ _ .

LA PALETTE* DE LA CAMPAGNE

● Associez chaque nom de fleur à la couleur correspondante.

a bleuet **b** bouton d'or **c** coquelicot **d** amarante **e** mauve **f** lilas

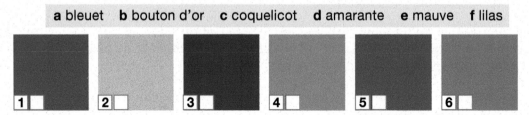

Civilis@ction

● **V**ous voulez organiser une croisière fluviale en péniche. Choisissez un parcours, puis, par groupes, complétez la fiche suivante. Aidez-vous d'Internet et des pages précédentes.

Parcours
Durée
Lieux et monuments à visiter
Gastronomie
Loisirs
Prix

● **C**haque groupe présente ensuite son voyage à la classe. Vous pouvez réaliser un dépliant ou des posters à afficher en classe. À vous de choisir...

Si j'étais un animal*, moi je serais... un cheval*. Et Camille ? À propos de Camille, mais où est-elle ?

LA MONTAGNE

Salut et bienvenue à la montagne [1] ! Ici, on grimpe, on grimpe... Vous êtes plutôt alpinistes ou gourmands* ? La question vous semble bizarre ? Alors, trouvez la bonne solution à la... charade* des Alpes.

Charade des Alpes

Mon premier est un synonyme de montagne.

Mon deuxième est la couleur* de la neige.

Vous admirez mon tout sur la photo, mais c'est aussi un dessert...

C'est le ....

1 **La montagne** : le mot vient du latin populaire *montanea*.

LA MONTAGNE

Savoie et Haute-Savoie,
un territoire au cœur des Alpes

La Savoie doit son nom au fait d'être couverte de sapins* (du latin *Sapaudia* ou *Sabaudia*). D'abord duché, elle est annexée à la France seulement en 1860. Elle fait partie de la région Rhône-Alpes et elle est divisée en deux départements : la Savoie et la Haute-Savoie. On y admire la montagne, mais on y déguste aussi de nombreuses spécialités gastronomiques qui sont souvent à base d'excellents fromages* savoyards : la tartiflette (un gratin de pommes de terre* au reblochon), par exemple, ou la fondue savoyarde (du gruyère ou de l'emmental fondu dans du vin blanc*, auquel on ajoute de l'ail* et du kirsch et dans lequel on trempe des morceaux de pain).
Le climat* est caractérisé par des pluies abondantes au printemps* et en automne*. Il neige beaucoup de décembre à avril. Les étés* sont chauds* et ensoleillés.

LES VILLES

▶▶ Annecy

Située entre Chambéry et Genève, au bord du lac qui porte le même nom, cette ville est le chef-lieu* du département de la Haute-Savoie. Annecy est une ville d'art* et d'histoire : sa position et ses monuments lui donnent un charme unique. Le palais de l'Isle, ancienne prison et palais de justice, est le monument symbole du vieil Annecy. Il est très apprécié par les nombreux touristes qui viennent de tous les coins du monde pour le photographier. Les paisibles canaux qui traversent le centre historique ont valu à Annecy le surnom de *Venise des Alpes*. La ville est entourée de jardins et de parcs où il est très agréable de se promener* quand il fait bon. De plus, depuis 1969 se déroule à Annecy le *Festival international du film d'animation*.

▶▶ Albertville

La ville a été créée en 1836, lorsque* le roi* de Sardaigne, Charles-Albert, a décidé de réunir les deux bourgs de l'Hôpital et de Conflans sous le nom d'Albertville. Conflans est aujourd'hui encore le cœur de la vieille ville. On passe par la porte de Savoie pour y pénétrer et admirer les ruelles*, les maisons aux balcons fleuris, les boutiques d'artisanat, les cafés : en hiver*, on s'y arrête pour boire un chocolat chaud et, en été, une boisson* fraîche. Mais Albertville est surtout connue grâce aux Jeux* olympiques d'hiver de 1992.

▶▶ Chambéry

Ville d'art et de culture, Chambéry est également le chef-lieu du département de la Savoie. Son centre historique est dominé par le château* des ducs de Savoie. On peut se promener dans les rues* piétonnes et admirer les portails* et les balcons des hôtels particuliers*. La ville propose au visiteur cinq musées parmi* lesquels la *Galerie des Sciences et des Techniques*. Mais on peut également profiter de la beauté* du cadre naturel : près de la ville se trouve le lac du Bourget, le plus grand lac naturel de France. De plus, Chambéry est la seule ville des Alpes située près de trois parcs : le Parc naturel régional du Massif* des Bauges, le Parc naturel régional de Chartreuse et le Parc national de la Vanoise.

▶▶ Megève

Depuis longtemps, Megève, lieu privilégié de villégiature situé sur un col, associe le confort de la modernité à la beauté du cadre naturel et à la richesse du patrimoine. Ce n'est pas seulement un village montagnard : en effet des célébrités, comme Jean Cocteau ou Rita Hayworth, sont venues à Megève dans les années 30. Vous n'aimez pas les mondanités et vous préférez le sport ? Le domaine *Évasion Mont-Blanc* propose environ 160 pistes de ski* pour tous les niveaux*, dont la célèbre *Princesse noire*. Quel plaisir de skier au milieu des sapins et d'un panorama grandiose !

LES STATIONS DE SPORTS D'HIVER

Il y a en Savoie et en Haute-Savoie de nombreuses stations de ski très réputées* comme, par exemple, les Trois-Vallées, le plus grand domaine skiable du monde. Courchevel et Méribel-les-Allues sont deux des huit stations de ski qui le composent. Courchevel est un charmant village de 1 800 habitants. La ville de Méribel, située à 1 400 m d'altitude, est la station de ski française qui possède le plus de télécabines. Quant à la ville d'Avoriaz, elle a deux atouts* particuliers : la tranquillité d'un village interdit aux voitures* et la présence du premier snowpark ouvert en France. Et le soir ? On peut déguster un steak de bison et boire un verre* au snowboard*-shop-café…

1 Lisez le texte, puis complétez la fiche d'identité de la région Rhône-Alpes.

RHÔNE-ALPES			
Position	....	Gastronomie	....
Départements	....	Villes principales	....
Montagnes	....	Stations de ski	....
Climat	....	Attraits touristiques	....

2 D'une ville à l'autre... À quelle ville correspond chaque définition ?

1 La *Princesse noire* est l'une de ses attractions. C'est ....

2 Chef-lieu de la Haute-Savoie, cette ville se trouve au bord d'un lac qui porte le même nom. C'est ....

3 Cette ville est étroitement liée à l'histoire du duché de Savoie. C'est ....

4 Cette ville porte le nom du roi qui l'a fondée. C'est ....

Bon, nous avons traversé la Savoie de long en large. Il est temps de faire une pause gourmande* et de nous régaler. Vous connaissez le dicton* « L'appétit vient en marchant… » ?

LA MONTAGNE

Une page de cuisine...
le mont-blanc aux marrons

MONT-BLANC
AUX MARRONS

Préparation : 30 minutes

Cuisson* : 15 minutes

Ingrédients* pour dix personnes* :
- 400 g de sucre en poudre*
- 250 g de beurre*
- un sachet de sucre vanillé
- 1 kg de marrons

1 Associez chaque image à la phase de préparation correspondante.

1 ☐ Faites chauffer de l'eau dans une casserole. Pelez les marrons et versez-les dans l'eau bouillante.

2 ☐ Faites cuire les marrons pendant 15 minutes.

3 ☐ Égouttez les marrons et passez-les au moulin à purée pendant qu'ils sont bouillants.

4 ☐ Mélangez dans un robot la purée de marrons avec le sucre et le beurre ramolli.

5 ☐ Ajoutez le sucre vanillé.

6 ☐ Versez la préparation dans un moule à cake.

7 ☐ Mettez ensuite le moule au congélateur.

8 ☐ Servez le mont-blanc aux marrons avec de la crème chantilly et des brisures de chocolat.

L'équipement du bon alpiniste

1 **Écrivez dans chaque étiquette le nom des différents objets.**

une combinaison de ski   un anorak   une corde   des crampons   un sac à dos
des chaussures d'alpinisme   un piolet   des skis   des bâtons de ski
une carte topographique   un mousqueton   une gourde   une boussole   un briquet
une montre   un bonnet   des gants   des lunettes de soleil   un couteau suisse

1 ....

2 ....

3 ....

4 ....

5 ....

6 ....

7 ....

8 ....

9 ....

10 ....

11 ....

12 ....

13 ....

14 ....

15 ....

16 ....

17 ....

18 ....

19 ....

LA MONTAGNE

Vivre… Chamonix

Située au pied du mont Blanc (au nord des Alpes), en Haute-Savoie, la ville de Chamonix est depuis plus de 250 ans un lieu* incontournable* pour les voyageurs, les skieurs et les amoureux de la montagne. Les premiers y trouvent un patrimoine architectural et culturel intéressant : des églises baroques, le musée alpin et le musée des cristaux, sans oublier* les rues* piétonnes bordées de boutiques et de terrasses* de café. Grâce aux téléphériques et aux trains à crémaillère, les skieurs et les amoureux de la nature peuvent découvrir des panoramas exceptionnels. En été*, les randonneurs*, quant à eux, ont à leur disposition 350 km de sentiers. Le plus célèbre est sans aucun doute le tour* du Mont-Blanc, parcouru pour la première fois en 1767 par Horace Bénédict de Saussure. Cette randonnée dure de sept à dix jours et traverse trois pays* : la France, l'Italie et la Suisse.

1 **Vrai ou faux ? Cochez la bonne case et corrigez les affirmations qui sont fausses.**

1 La ville de Chamonix est située au sud des Alpes.
V ☐ F ☐ ....

2 Les touristes y vont seulement pour faire du sport.
V ☐ F ☐ ....

3 Il y a plus de 300 km de sentiers pour les skieurs.
V ☐ F ☐ ....

4 Le célèbre tour du Mont-Blanc traverse deux pays.
V ☐ F ☐ ....

2 DELF **À l'écrit. Camille écrit une carte postale à Thomas pour lui raconter son séjour à Chamonix.**

Vive la nature !

1 **Écrivez tout d'abord la bonne légende sous chaque photo…**

un edelweiss   un chamois   un lis martagon   un aigle   un sapin   un bouquetin
un crocus   un mélèze   un épicéa   un rhododendron   une marmotte   un hêtre

1 ....
2 ....
3 ....
4 ....
5 ....
6 ....
7 ....
8 ....
9 ....
10 ....
11 ....
12 ....

2 **…placez ensuite chaque mot dans la bonne catégorie.**

FLEURS	ANIMAUX	ARBRES

LA MONTAGNE

Le Festival international
des métiers* de montagne*

Le *Festival international des métiers de montagne* a lieu* tous les deux ans à Chambéry. Il s'adresse aux professionnels* de la montagne. Il a pour objectif d'améliorer les opportunités d'emploi dans les régions montagneuses. Les jeunes ont ainsi la possibilité de rencontrer des professionnels et de s'informer sur l'évolution des métiers. C'est également un espace de communication pour les professionnels. Mais quels sont les métiers de la montagne ? Il y en a une multitude : le guide de haute montagne*, l'apiculteur*, le moniteur de ski*, le technicien forestier, l'éleveur de chevaux*, le maître-chien d'avalanche*, pour n'en citer que quelques-uns.

1 Connaissez-vous les métiers cités dans le texte ? Écrivez leur nom sous la photo correspondante, puis associez-les à leur définition.

A ....   B ....   C ....

D ....   E ....   F ....

1 ☐ Il enseigne et entraîne à l'alpinisme.
2 ☐ Il élève et soigne les chevaux.
3 ☐ Il s'occupe de la gestion de la forêt.
4 ☐ Il enseigne le ski.
5 ☐ Il élève les abeilles, récolte et prépare le miel.
6 ☐ Il élève des chiens pour secourir les victimes d'avalanches.

2 À l'oral. Faites la liste des métiers liés à l'agriculture, à l'élevage et aux sports de montagne. Associez ensuite ces métiers aux qualités nécessaires pour les exercer.

la connaissance de la montagne   la résistance physique
aimer vivre en plein air   la patience   l'ordre   la passion
la méthode   la psychologie   le sens des responsabilités
la capacité d'organisation   l'esprit d'initiative
la connaissance des langues étrangères

Être un ado sportif* à la montagne*

1 Camille a interviewé un moniteur de ski. Ce dernier lui a parlé des sports qu'un jeune peut pratiquer à la montagne.
Écoutez tout d'abord l'interview, puis retrouvez l'ordre dans lequel sont cités les différents sports...

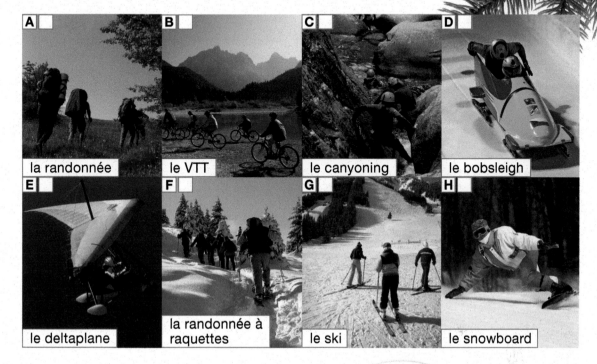

A la randonnée

B le VTT

C le canyoning

D le bobsleigh

E le deltaplane

F la randonnée à raquettes

G le ski

H le snowboard

2 ...places-les ensuite dans la bonne catégorie...

SPORTS D'HIVER

SPORT D'ÉTÉ

> Ça vous a plu ?
> Ça ne donne pas envie de partir en vacances*, tout ça ? Ici, on peut faire du sport tout au long de l'année. C'est fatigant* ? Mais non ! On peut s'amuser sans soulever des montagnes !

3 ...identifiez enfin les trois sports de glisse cités dans l'interview.

....

....

LA MONTAGNE

La France et la montagne

▶▶ Les Alpes

Les Alpes, une chaîne* montagneuse qui forme une barrière longue de 1 200 km, s'étendent en Italie, en France, en Suisse, au Liechtenstein, en Autriche, au sud de l'Allemagne et en Slovénie. Les Alpes occidentales se trouvent au sud-est de la France. Le mont Blanc, le plus haut sommet* d'Europe occidentale, culmine entre la France et l'Italie à 4 807 m. Ce sont Jacques Balmat et Michel Paccard qui ont réalisé la première ascension de ce mont le 8 août 1786.

Marie Paradis, quant à elle, est la première femme* de l'histoire qui escalade le mont le 14 juillet 1808. Une véritable révolution* pour l'époque !

▶▶ Le Jura

Cette chaîne de montagnes, située au nord des Alpes, recouvre la région Franche-Comté. Son point culminant est le Crêt de la Neige (1 720 m). Le Jura a donné son nom au jurassique, partie centrale de l'ère secondaire. C'est à cette époque que les sédiments qui ont constitué la chaîne du Jura se sont déposés. Donc, pas de *Jurassic Park* sans le Jura !

▶▶ Les Vosges

Les Vosges sont un massif* montagneux qui est situé au nord-est de la France et marque la frontière entre les régions de l'Alsace et de la Lorraine. Son point culminant est le Grand Ballon (1 424 m). Le terme « ballon » est utilisé pour désigner les sommets des Vosges. Le fruit* typique de la région est la myrtille*, *brimbelle* en dialecte : on peut l'apprécier en confiture*, avec du yaourt, ou sur des tartes*.

Tous les ans a lieu* à Gérardmer, en Lorraine, la *Fête des jonquilles** (au printemps*) et le Festival du film fantastique (en janvier).

▶▶ Le Massif central

Ce massif, situé au centre et au sud de la France, s'étend sur dix-huit départements ! Il recouvre en effet une surface de 85 000 km². Son point culminant est le Puy de Sancy (1 886 m). Son territoire est très varié : on y trouve des villes importantes comme Saint-Étienne, Clermont-Ferrand et Limoges, mais aussi des zones rurales et de nombreux volcans.

▶▶ Les Cévennes

Les Cévennes sont une chaîne de basse et moyenne montagne, à cheval sur les départements du Gard, de la Lozère et de l'Ardèche. Leur point culminant est le Pic de Finiels (1 699 m). Le climat* est méditerranéen, mais il est caractérisé par l'effet cévenol : ce sont des orages* accompagnés de fortes pluies provoquées par la rencontre entre l'air froid en provenance de l'Atlantique et l'air chaud* qui remonte* de la Méditerranée.

▶▶ Les Pyrénées

Les Pyrénées sont une chaîne de montagnes située au sud-ouest de l'Europe. Elles s'étendent de la mer Méditerranée à l'océan Atlantique et forment une barrière naturelle entre la France et l'Espagne. Il s'agit également d'une barrière climatique : en effet, les précipitations sont abondantes sur le versant français, tandis qu'elles

sont beaucoup moins fréquentes sur le versant espagnol. Le point culminant est le Pic d'Aneto (3 404 m), situé en Espagne. Les Pyrénées traversent trois régions françaises : le Languedoc-Roussillon, les Midi-Pyrénées et l'Aquitaine. Depuis 1910, les cols des Pyrénées ont été franchis* plusieurs fois par les cyclistes du Tour* de France.

1 **Lisez le texte, puis complétez le tableau.**

	Position	Point culminant	Caractéristiques
Les Alpes			
Le Jura			
Les Vosges			
Le Massif central			
Les Cévennes			
Les Pyrénées			

Le Tour de France

En 1903, Henri Desgrange crée la plus célèbre compétition* cycliste par étapes de France : le Tour de France. Cette épreuve cycliste se déroule tous les ans au mois de juillet.

Les étapes de montagne sont les plus difficiles et les plus connues du Tour. Le col de l'Iseran, d'Izoard ou du Galibier (Alpes), le mont Ventoux (Provence) ou le Ballon d'Alsace (Vosges) : voilà quelques-unes des ascensions inoubliables* pour les cyclistes du Tour.

Les spectateurs, qui étaient 100 000 en 1903, sont aujourd'hui environ 15 millions, prêts* à saluer et à applaudir le passage des cyclistes le long des routes du Tour.

1 **C'est votre Tour ! Faites une petite recherche, puis répondez aux questions.**

1 Qui a gagné le premier Tour de France… ?

....

2 …et le dernier ?

....

3 Quelle est la différence entre le maillot jaune, le maillot vert et le maillot à pois rouges ?

....

4 Qui a été le seul coureur à avoir remporté les trois maillots pendant le même Tour ?

....

LA MONTAGNE

MONTS CROISÉS

● Replacez les noms des montagnes dans la grille de mots croisés.

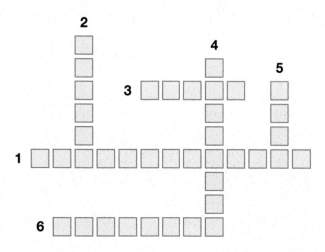

LA PALETTE* DES ALPES

● Associez chaque couleur à son nom.

| a sapin | b mousse | c châtaigne |
| d herbe | e mélèze | f feuille morte |

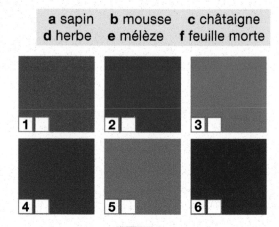

C'est beau la montagne...
Air pur, nature sauvage, sports et randos... mais maintenant*, changement d'atmosphère ! En avant toute pour une nouvelle aventure ! D'autre part, de la mer de glace* à la mer, il n'y a qu'un pas à franchir*...

Civilis@ction

● **V**ous voulez organiser des vacances à la montagne. Choisissez une destination, puis, par groupes, complétez la fiche suivante. Aidez-vous d'Internet et des pages précédentes.

Région
Météo
Stations de ski
Dates
Sports
Moyens de transport
Loisirs
Hébergement
Gastronomie

● **C**haque groupe présente ensuite son voyage à la classe. Vous pouvez publier votre travail sur le site Internet de l'école ou, si vous avez des correspondants étrangers, leur envoyer un courriel pour leur exposer votre travail. À vous de choisir...

LA MER

C'est vrai, Camille,
je vais prendre le relais*
et conduire nos amis
à la découverte*
de la mer[1].

Sur la mer très loin
Où va-t-il
Le vent vert et brumeux ?[2]

1 Observez la photo. Quelles sensations, idées et mots vous suggère-t-elle ?
Écrivez ces mots sur une feuille ou au tableau.

1   La mer : le mot vient du latin *mare*, proche du gaulois *mori-*, du breton *mor* et du germanique *marja*.

2   Il s'agit d'un *haïku*, qui est un poème japonais de trois vers.

LA MER

La Côte d'Azur, une région qui donne sur la mer

C'est à l'écrivain* Stephen Liégeard et à son livre *La Côte d'Azur*, publié en 1887, que la Côte d'Azur doit son nom. Ses habitants sont appelés les Azuréens. La Côte d'Azur comprend les départements du Var et des Alpes-Maritimes et la principauté de Monaco. Elle s'étend sur le littoral méditerranéen qui va de Menton à l'est, à la ville de Cassis pour certains, ou de Hyères pour d'autres, à l'ouest. La région est délimitée au nord par le massif* de l'Esterel et par les Alpes du Sud. Le climat* est doux et les journées sont ensoleillées presque toute l'année.

LES VILLES

▶▶ Menton

Située à l'extrême sud-est du pays*, près de la frontière italienne, la ville de Menton jouit d'un climat exceptionnel. Ce climat permet la culture des citronniers, des orangers, des palmiers et des mimosas. Dans la vieille ville, on peut admirer de belles façades* et de superbes* escaliers*, le parvis* de Saint-Michel Archange et la place* aux Herbes. À ne pas manquer la Fête du citron*, qui dure trois semaines entre février et mars. Les chars décorés d'agrumes* défilent le long de la promenade du Soleil au bord de mer : c'est un vrai régal* pour les yeux !

▶▶ Nice

Cinquième ville de France par sa population (elle compte environ 345 000 habitants), Nice est la métropole de la Côte d'Azur. Le vieux Nice, aux ruelles* pittoresques et aux belles façades colorées, offre aux visiteurs tout son charme provençal. C'est de là que l'on monte à la colline du Château pour admirer ses jardins fleuris et ses parcs. Du haut de la colline, on a une vue exceptionnelle sur la ville et sur la promenade des Anglais, qui longe la baie* des Anges. On admire, d'un côté, la mer et les plages*, de l'autre, les luxueux hôtels, dont le plus célèbre est le *Negresco*. Parmi* les nombreux musées de la ville, on peut citer le musée du Message biblique Marc-Chagall, le musée Matisse et le musée d'Art moderne et d'Art contemporain (MAMAC). Après les visites culturelles, on peut se régaler grâce à la cuisine locale : la pissaladière (une tarte* salée garnie d'oignons, d'anchois* et d'olives noires), la ratatouille (un mélange* de courgettes*, de tomates*, d'aubergines* et de poivrons*), le pan bagnat (un pain rond arrosé d'huile* d'olive et garni de tomates et de thon*), la célèbre salade niçoise (un mélange de laitue*, de tomates, d'œufs* durs, de thon et d'olives), la socca* (une galette* à base de farine* de pois chiches*) ou encore les panisses (des sortes de frites* également à base de farine de pois chiches).

▶▶ Cannes

Cannes est une ville élégante, fréquentée par une clientèle internationale, une ville qui sait conjuguer le charme de la vieille ville (le Suquet) à la modernité. Du quartier historique du Suquet, on a une magnifique vue sur la ville, sur la baie de Cannes et sur les îles de

Lérins. Le long du quai* Saint-Pi̇erre, on admire le vieux port et ses bateaux de pêche et de plaisance. Pour faire les courses*, on peut aller au marché Forville aux senteurs de Provence, ou rue* Meynadier, une rue piétonne très animée et pleine de boutiques de toutes sortes. Mais Cannes, c'est aussi et surtout la Croisette, l'une des promenades les plus célèbres au monde. Tout au long de ses trois kilomètres, on peut admirer des jardins fleuris, des palmiers, des pins ainsi que, bien sûr, le palais des Festivals. Cannes est en effet la ville où se déroulent le Festival du cinéma, mais également de nombreux congrès : c'est la deuxième destination de congrès après Paris.

▶▶ Saint-Tropez

Cette petite ville est devenue un mythe à partir de 1950, lorsque* les stars parisiennes, attirées par les plages, les ruelles et la place des Lices, ont commencé à fréquenter ce port du sud : Sagan, Picasso, Prévert et, dans les années 60, l'actrice Brigitte Bardot (appelée aussi BB). En été*, les terrasses* des cafés s'animent et les visiteurs se promènent* sur les quais du vieux port en admirant les yachts. Le matin, la place aux Herbes expose des fruits*, des légumes* et des fleurs*, et on peut acheter du poisson* frais sur le marché. La nuit, Saint-Tropez est le décor* idéal pour les mondanités de la jet-set internationale. Il faut absolument visiter le musée de l'Annonciade, qui abrite des tableaux* de Matisse, Utrillo, Signac ou Braque, la place de l'Ormeau et l'église du XVe siècle.

1 Lisez le texte, puis complétez la fiche d'identité de la Côte d'Azur.

CÔTE D'AZUR
Position ....
Départements ....
Mer ....
Montagnes ....
Climat ....
Gastronomie ....
Villes principales
....
Attraits touristiques
....

2 D'une ville à l'autre... À quelle ville correspond chaque définition ?

1 Vous appréciez les lieux pittoresques, mais aussi les mondanités ? Les atmosphères du sud et une intense vie nocturne vous attendent ici sur les traces de BB.
C'est ....

2 Du Château, vous avez une vue imprenable. Vous descendez de ce paradis, et vous êtes aux Anges !
C'est ....

3 Parfum d'agrumes et de fleurs. Si sa basilique vous voulez visiter, les marches d'un bel escalier vous devez monter !
C'est ....

4 Tradition et élégance : le charme de la vieille ville et les lumières de la promenade. Si vous aimez le glamour et les paillettes, cette ville vous accueillera comme une star !
C'est ....

LA MER

Un jour, une tradition...
Le poisson· d'avril

Le 1er avril de chaque année, le poisson d'avril est là ! C'est une plaisanterie, une farce que l'on fait à ses amis. **Les enfants, eux, accrochent des poissons en papier dans le dos des gens.** Il y a également des canulars [1] dans la presse, à la radio ou à la télé. En France, au début* du XXe siècle, on s'envoyait des cartes postales décorées représentant un poisson d'avril.

1 Un canular : fausse nouvelle.

▶▶ Comment est née cette tradition ?

Une première explication affirme qu'elle remonte* à l'an 1564. À cette époque, l'année commence le 1er avril, mais le roi* de France, Charles IX, décide de la faire commencer le 1er janvier. D'après la légende, plusieurs personnes* n'ont pas accepté ce changement du calendrier et ont continué à fêter le 1er avril. De là est né le poisson d'avril : il représente ceux qui refusent la réalité telle qu'elle est.

Une autre explication dit que le 1er avril indique le passage du signe zodiacal des Poissons à celui du Bélier*, ou encore la prolongation de la période de carême où l'on peut seulement manger du poisson.

▶▶ Et dans le reste du monde ?

En Amérique et en Grande-Bretagne, on fête le *April Fool's Day*. En Allemagne, on célèbre l'*Aprilscherz*. Cette tradition existe également en Belgique, en Italie, aux États-Unis, en Suisse, au Québec, au Japon… En Espagne, le 28 décembre, on commémore le jour des Innocents, c'est-à-dire les innocents massacrés, selon la Bible, par Hérode. Ce jour-là, on accroche un petit personnage en papier dans le dos des personnes pour se moquer d'elles.

---

1 Vrai ou faux ? Cochez la bonne case et corrigez les affirmations qui sont fausses.

1 La naissance du poisson d'avril a une explication historique certaine.
V ☐ F ☐ ....

2 C'est le roi François Ier qui a changé le calendrier.
V ☐ F ☐ ....

3 Le poisson d'avril est le symbole des personnes qui aiment faire des blagues.
V ☐ F ☐ ....

4 En France, au début du XXe siècle, on accrochait un poisson en papier dans le dos des personnes.
V ☐ F ☐ ....

5 La France n'est pas le seul pays où existe le poisson d'avril.
V ☐ F ☐ ....

6 En Espagne, il y a une fête semblable à la fin du mois de décembre.
V ☐ F ☐ ....

2 À l'oral. Que se passe-t-il dans votre pays le 1er avril ?

Entre légende et histoire...
L'homme au masque de fer*

L'île Sainte-Marguerite se trouve au large de Cannes et fait partie, avec l'île Saint-Honorat, des îles de Lérins. Sur cette île se trouve le fort Royal. Il abrite aujourd'hui le musée de la Mer et une prison à l'histoire mystérieuse... En effet, c'est ici que le 30 avril 1687 arrive un prisonnier hors du commun, pour lequel on prépare une prison spéciale, à pic sur la mer. Pour y accéder, il faut franchir* trois portes. L'identité du

prisonnier doit rester secrète, c'est pour cette raison* qu'il porte un masque de fer sur le visage. Il y a beaucoup d'hypothèses à propos de son identité qui reste encore inconnue : on pense que c'était le frère jumeau de Louis XIV, ou bien le fils de Louis XIV et de Louise de La Vallière, ou encore Nicolas Fouquet (l'intendant de Louis XIV), le comte Ercole Mattioli, Molière, le mousquetaire d'Artagnan... Ce mystère a fait travailler l'imagination de nombreuses personnes* et a donné naissance à des romans, des pièces de théâtre* et des films, comme par exemple *The*

Man in the Iron Mask (*L'homme au masque de fer*), réalisé en 1997 par Randall Wallace, avec Leonardo Di Caprio, Jeremy Irons, John Malkovich et Gérard Depardieu.

1 **Le message effacé**
Le masque de fer a écrit un message et l'a mis dans une bouteille qu'il a jetée à la mer. Plusieurs années après, vous retrouvez la bouteille, mais l'eau a effacé une partie du texte. À vous de le reconstruire...

> *Je vous en prie, si vous trouvez ce message, aidez-moi !*
> *Je suis emprisonné au .... depuis le .... Où se trouve ma prison ? Sur l'......................, mais elle n'est pas facilement accessible. Elle donne .... et vous devrez franchir .... pour y accéder. Je suis obligé de porter .... pour cacher ....*
> *Mais si vous me sauvez, je vous révélerai mon .... !*
> *Le ....*

> Difficile de décrypter le message ? Mais non, ce n'est pas la mer à boire !

LA MER

Vivre à... Antibes

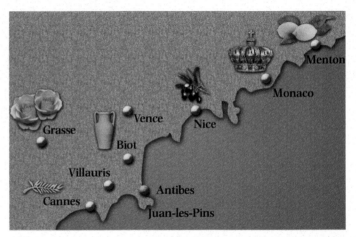

Située entre Nice et Cannes, la ville d'Antibes Juan-les-Pins est la deuxième commune la plus peuplée du département (environ 80 000 personnes* en basse saison* et 175 000 en haute saison). Elle s'étend sur une superficie de 2 648 ha et possède 25 km de côtes. Antibes représente la partie ancienne de la ville, tandis que Juan-les-Pins en constitue la partie moderne. Cette station balnéaire, créée en 1882, a une population très jeune : environ 25% des habitants ont moins de 25 ans. Il ne faut pas oublier* le pôle technologique de Sophia-Antipolis, spécialisé dans la haute technologie et la communication, qui se trouve au nord-est de la ville.

1 Camille est allée voir Thomas à Antibes. Écoutez leur dialogue, puis cochez les lieux que Thomas, en vrai Antibois, fait découvrir à Camille.

a ☐ la place Nationale
b ☐ le musée Picasso
c ☐ le musée Napoléonien
d ☐ le fort Carré
e ☐ le phare de la Garoupe
f ☐ le cap d'Antibes
g ☐ la villa Eilenroc
h ☐ le port Vauban
i ☐ Sophia-Antipolis
j ☐ le musée Peynet
k ☐ le Safranier
l ☐ le château Grimaldi
m ☐ le musée d'archéologie
n ☐ Notre-Dame-de-la-Garoupe
o ☐ le port de l'Olivette
p ☐ le musée de la Tour
q ☐ la cathédrale

2 DELF À l'écrit. Camille écrit un courriel à son amie Manon. Elle lui raconte ce qu'elle a visité avec Thomas.

Salut, Manon !

Bisous.
Camille

3 DELF À l'oral. Cherchez des informations sur les lieux et les monuments qui ne sont pas cités dans l'enregistrement. Présentez les résultats de votre recherche à la classe.

> L'histoire d'Eilenroc, la villa la plus célèbre d'Antibes, est liée à l'amour que le propriétaire, Charles Garnier, avait pour sa femme*, Cornélie. Bâtie en 1867, la villa lui doit son nom : Eilenroc n'est autre que son prénom lu de droite à gauche !

À propos d'art... le musée Peynet

Sur la place* Nationale, au cœur* du vieil Antibes, se trouve le musée Peynet et du dessin humoristique, qui présente plus de trois cents œuvres de l'artiste.

Raymond Peynet est né le 16 novembre 1908 à Paris. Il est surtout connu grâce aux Amoureux, le couple formé par le poète et sa femme*. On retrouve ce couple, célèbre dans le monde entier, sur des porcelaines, des médailles, dans des livres... sur tout ce qui symbolise l'amour. Peynet a réalisé beaucoup d'œuvres, de dessins humoristiques et de lithographies, comme celles des douze signes du zodiaque.

Aujourd'hui, quatre musées sont consacrés aux Amoureux : deux en France (à Antibes et à Brassac-les-Mines, ville natale de la mère de Peynet) et deux au Japon (à Karuizawa et à Mimasaka). Une statue, symbole de l'amour et de la paix, se trouve à Hiroshima, au mémorial de la bombe atomique. Raymond Peynet est mort le 14 janvier 1999, un mois avant le jour de la Saint-Valentin, la fête des amoureux !

1 Voici dans le désordre les 12 signes du zodiaque auxquels Raymond Peynet a consacré ses lithographies. Associez chaque image au signe correspondant !

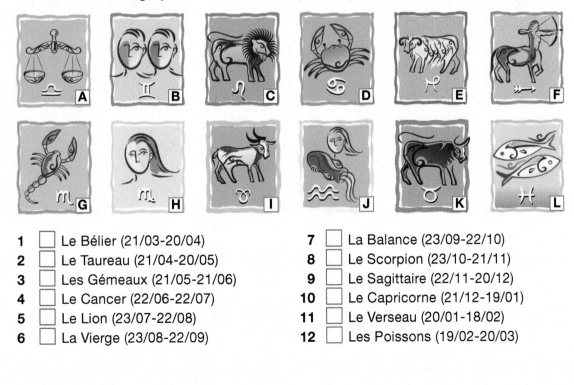

1 ☐ Le Bélier (21/03-20/04)	**7** ☐ La Balance (23/09-22/10)	
2 ☐ Le Taureau (21/04-20/05)	**8** ☐ Le Scorpion (23/10-21/11)	
3 ☐ Les Gémeaux (21/05-21/06)	**9** ☐ Le Sagittaire (22/11-20/12)	
4 ☐ Le Cancer (22/06-22/07)	**10** ☐ Le Capricorne (21/12-19/01)	
5 ☐ Le Lion (23/07-22/08)	**11** ☐ Le Verseau (20/01-18/02)	
6 ☐ La Vierge (23/08-22/09)	**12** ☐ Les Poissons (19/02-20/03)	

LA MER

Les loisirs* d'un ado à Antibes :
la visite de Marineland

Marineland est le Parc de la mer et de l'aventure.
Des mammifères marins (orques*, dauphins* et
otaries*) offrent aux visiteurs l'occasion de découvrir
leur monde. On peut aussi y voir des requins*, des raies* et des
poissons* tropicaux aux mille couleurs.
De plus, le musée de la marine propose une collection d'objets marins,
tandis que dans l'auditorium, qui peut accueillir jusqu'à 300 spectateurs, on peut assister
à la projection de films sur le monde des cétacés*.
Plusieurs professionnels* travaillent à Marineland, parmi* lesquels les aquaristes (des
spécialistes des techniques de la vie en aquarium), les animateurs de spectacles (ils
s'occupent de la réalisation des spectacles son et lumière nocturnes) et les aides animaliers
qui donnent à manger aux animaux.

1 Connaissez-vous les animaux cités dans le texte ? Écrivez leur nom sous la photo
correspondante, puis associez-les à leur définition.

A ....   B ....   C ....

D ....   E ....

1 ☐ Poisson au corps allongé, de grande taille, très puissant et dangereux.

2 ☐ Mammifère au cou plus allongé que le phoque.

3 ☐ Poisson au corps aplati en forme de losange, à grandes nageoires.

4 ☐ Mammifère aquatique très aimé des petits et des grands.

5 ☐ Mammifère marin carnivore. C'est le plus grand cétacé appartenant à la famille
des dauphins.

Être un ado sportif* à la mer

1 Le jeu de l'anagramme du sportif... Remettez les lettres dans le bon ordre, puis écrivez le nom de chaque sport sous la photo correspondante.

1 ILEOV   = VOILE

2 ELÉNPOG   = P _ _ _ _ _ E

3 TITOANAN   = N _ _ _ _ _ _ N

4 KIS UAUTENIQ = S _ _ _ _ _ _ _ _ _ E

5 ALPENCH À ELIVO = P _ _ _ _ _ _ _ _ _ _ _ E

6 ËCONA–AKYAK = C _ _ _ _ - _ _ _ _ K

7 LOGEPNNO   = P _ _ _ _ _ _ N

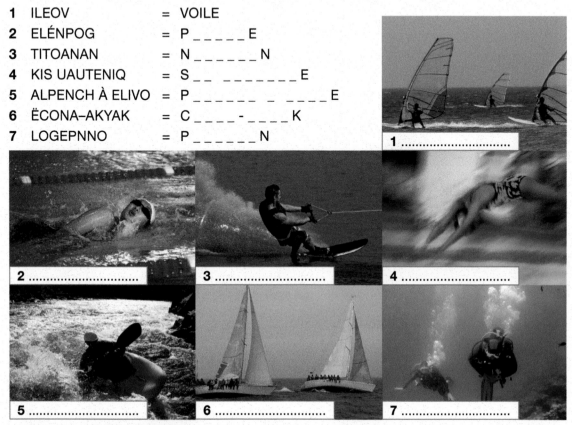

1 ....

2 ....

3 ....

4 ....

5 ....

6 ....

7 ....

Vous connaissez la pétanque* ? C'est un jeu* de boules* typique de la Côte d'Azur. Mais si vous préférez, vous pouvez venir à Antibes faire du triathlon [1]. Et dans votre région, existe-t-il un sport typique ?

---

1 Le triathlon : discipline sportive réunissant le cyclisme, la course et la natation.

LA MER

La France et la mer

La France est bordée au nord par la Manche et au sud par la mer Méditerranée. Le mot *Méditerranée* vient du latin *mediterraneus* (de *medium*, qui est au milieu, et *terra*, terre) qui signifie *au centre de la terre*. La Méditerranée est en effet une mer intracontinentale. La Manche, par contre, est une mer épicontinentale, c'est-à-dire qu'elle recouvre un plateau continental.

▶▶ La Manche

La Manche est une mer située au nord-ouest de l'Europe. Elle s'étend sur une superficie d'environ 75 000 km². Les régions françaises bordées par la Manche sont le Nord-Pas-de-Calais, la Picardie, la Haute-Normandie, la Basse-Normandie et la Bretagne. La Manche se trouve entre la France et la Grande-Bretagne : depuis le 6 mai 1994, les deux pays* sont reliés par le célèbre tunnel sous la Manche qui permet de voyager en train (Eurostar) ou en voiture*. La traversée permet de passer de Calais à Folkestone en parcourant 50 kilomètres (dont 37 sous la Manche) en 35 minutes !

▶▶ La mer Méditerranée

La Méditerranée, située entre l'Europe, l'Afrique et l'Asie, est presque entièrement entourée de terres. Pendant l'Antiquité, elle a joué un rôle très important pour les transports maritimes, mais aussi pour les échanges culturels entre les civilisations. Berceau* de l'Europe actuelle, elle a vu le passage des civilisations égyptienne, sémite, persane, phénicienne, grecque, romaine, arabe...

LES PAYS AUTOUR DE LA MÉDITERRANÉE

▶▶ Le Maghreb

La France n'est pas le seul pays qui se trouve au bord de la Méditerranée. Quels sont les autres pays qui appartiennent à la grande famille de la francophonie et qui partagent ce « privilège » ? Il s'agit des pays du Maghreb (de l'arabe *Al-Maghrib*, le Couchant ou l'Occident), la région septentrionale de l'Afrique la plus proche de l'Europe. Le Maghreb, bordé à l'est par l'océan Atlantique et au sud par le désert du Sahara, comprend le Maroc, l'Algérie et la Tunisie. La région est traversée d'est en ouest par une chaîne* montagneuse, l'Atlas, tandis que la zone intérieure est totalement désertique.

Les villes principales, où vit la plupart de la population (environ 75 millions d'habitants), se trouvent donc sur les côtes qui ont un climat* méditerranéen, c'est-à-dire caractérisé par des hivers* doux et des étés* secs et chauds*. Ce climat favorise le développement du tourisme, mais aussi l'agriculture et la production d'agrumes* et de primeurs [1].

1 **Les primeurs :** fruits et légumes mûrs avant la saison normale.

▶▶ La Tunisie

La Tunisie est bordée au nord et à l'est par la Méditerranée. À l'ouest se trouve l'Algérie et au sud-est la Libye. Avec ses 163 610 km², c'est le pays le plus petit du Maghreb. République présidentielle depuis 1957, la Tunisie doit son nom à sa capitale, Tunis. On y parle le tunisien et l'arabe littéral, qui est la langue officielle. Le français est appris à l'école et la plupart des Tunisiens le parlent comme seconde langue. La religion d'État est l'islam, mais on trouve aussi le judaïsme et le christianisme. Et la cuisine ? Elle est très variée : ses ingrédients* principaux sont la viande* de mouton* et de bœuf*, le poisson* et les légumes*. Vous saviez que, même si le plat* traditionnel reste le couscous, la baguette et les pâtes* à la sauce tomate* sont très aimées par les Tunisiens ?

▶▶ Le Maroc

La Méditerranée borde le nord du Maroc. Au sud se trouve le Sahara occidental, à l'est et au sud-est, l'Algérie. Cette monarchie* constitutionnelle a une population d'environ 30 millions d'habitants qui vivent surtout dans les villes. Bien que la capitale soit Rabat, le nom français Maroc dérive de la prononciation espagnole de *Marrakech* (*Marruecos*), l'ancienne capitale du pays. Casablanca et Fès sont d'autres villes importantes. La langue officielle du pays est l'arabe littéral, mais on y parle aussi le *darija*, un dialecte arabe, et le berbère. Le français n'est pas la langue officielle, mais il est parlé par 60% de la population et enseigné à l'école primaire, au collège, au lycée et à l'université.

▶▶ L'Algérie

L'Algérie, bordée elle aussi au nord par la Méditerranée, a un littoral de 1 200 km. Au nord-est se trouve la Tunisie, à l'est la Libye, au sud-est le Niger, au sud-ouest le Sahara occidental, la Mauritanie et le Mali et à l'ouest le Maroc. C'est le deuxième plus grand pays d'Afrique (2 381 741 km²), après le Soudan et le premier du pourtour* méditerranéen. Le pays est indépendant depuis 1962, après une longue guerre contre la colonisation française. La capitale de la République algérienne est Alger qui possède 4 millions d'habitants. Ce pays produit et exporte du gaz naturel, du pétrole et dispose d'importantes réserves de fer, d'or, d'uranium et de zinc : c'est la deuxième puissance économique d'Afrique.

1 **Lisez le texte, puis répondez aux questions.**

1 Qu'est-ce qui caractérise la Manche ?

....

2 Quel rôle a joué la Méditerranée dans l'Antiquité ?

....

3 Qu'est-ce que le Maghreb ?

....

4 D'où vient le nom *Maroc* ?

....

5 Quelle est la situation économique en Algérie ?

....

6 Quelles langues parle-t-on en Tunisie ?

....

LA MER

VOUS CONNAISSEZ LA CÔTE D'AZUR ?

● **Trouvez les intrus. N'oubliez pas de justifier votre choix.**

1 le musée Peynet – le musée Picasso – le musée Chagall – le musée d'archéologie – le musée de la Tour.

....

2 la pissaladière – le pan bagnat – la socca – la ratatouille – la quiche Lorraine.

....

3 la planche à voile – la pétanque – la natation – la plongée – le ski nautique.

....

4 la raie – le dauphin – l'orque – l'otarie – la perche.

....

5 les Poissons – le Verseau – le Crabe – le Cancer – le Taureau.

....

6 d'Artagnan – Guy de Maupassant – Ercole Mattioli – Fouquet – Molière.

....

Civilis@ction

● **V**ous voulez organiser des vacances à la mer. Choisissez une destination, puis, par groupes, complétez la fiche suivante. Aidez-vous d'Internet et des pages précédentes.

Pays	
Ville(s)	
Dates	
Moyens de transport	
Hébergement	
Météo	
Visites	
Sports et loisirs	
Gastronomie	

● **C**haque groupe présente ensuite son voyage à la classe. Vous pouvez chercher d'autres thèmes comme, par exemple, quels souvenirs rapporter à votre retour. Vous pouvez publier votre travail sur le site Internet de l'école ou écrire un article pour le journal de classe. À vous de choisir...

Vous avez aimé ces vacances* chez moi, au bord de la mer ? C'était cool, n'est-ce pas ? Maintenant*, je vous laisse et je vais boire quelque chose de frais J'ai si soif que je boirais la mer et ses poissons*... De toute façon, il est temps pour vous de partir à l'océan avec Camille. Elle vous attend...

L'OCÉAN

Eau*, vagues*, vent*... pas de doute, nous sommes à l'océan[1].

❶ Aidez-vous de la photo pour créer un acrostiche.

O ....
C ....
É ....
A ....
N ....

1 **L'océan :** le mot vient du nom du dieu grec des eaux, *Ôkeanós*.

L'OCÉAN

La Bretagne [1], *finis terræ* entre ciel et océan...

La Bretagne est une péninsule située au nord-ouest de la France, entre la Manche et l'océan Atlantique. Son histoire est liée à sa position : le territoire est d'abord habité par un peuple* celtique, les Gaulois, et fait partie d'une zone bien plus vaste appelée *Armorique*. Après la conquête romaine, la Bretagne est habitée par les Bretons de la Grande-Bretagne qui y ont apporté leur langue et leurs coutumes.

La région se compose de quatre départements : les Côtes-d'Armor, le Finistère, l'Ille-et-Vilaine et le Morbihan. Cette région possède 2 730 km de côtes où se succèdent falaises*, dunes*, estuaires, vasières* et marais*. On distingue les zones côtières, appelées *ar mor* (*la mer* en breton), des zones intérieures, *ar goat* (*la forêt* en breton), caractérisées par des prairies, des landes et des bocages [2]. Les montagnes sont peu élevées, mais nombreuses. Le climat* est tempéré, même s'il y a souvent du vent*. Il pleut fréquemment : il s'agit d'une pluie fine appelée *crachin*.

La Bretagne est une terre riche de traditions religieuses, comme les *pardons*, par exemple. Ce sont les processions et les célébrations en l'honneur des saints des paroisses. Mais la tradition folklorique est également très forte grâce à la musique celtique et à ses instruments* bien particuliers, aux danses et aux chants. Et puis, il ne faut pas oublier* la langue bretonne : c'est la troisième langue celtique parlée dans le monde après le gallois et l'irlandais.

Le poisson* et les fruits* de mer sont la base de la gastronomie bretonne. Mais que les gourmands* se rassurent : les spécialités régionales sont souvent sucrées ! Citons par exemple le *kouign amann*, un gâteau* au beurre, ou bien encore le far breton, un gâteau aux pruneaux*. Et puis... les célèbres crêpes et galettes* ! Obélix, quant à lui, préférait les sangliers* !

La Bretagne a beaucoup à offrir aux touristes : ses ports, comme Brest, Cancale et Concarneau, ses sites archéologiques (le site de Carnac, par exemple), ses falaises inoubliables*, ses îles et, bien évidemment, ses villes.

1 La Bretagne : en breton, *Breizh*, abrégé en *BZH*.
2 Le bocage : paysage typique de l'ouest de la France, formé d'un pré clos par des haies.

LES VILLES
▶▶ Rennes

Rennes, *Roazhon* en breton, chef-lieu* de la région et du département de l'Ille-et-Vilaine, joue un rôle économique, culturel et politique important. Ses maisons à colombages* se situent principalement dans le centre historique. Quand il fait bon, on peut se promener* dans le jardin du Thabor, un jardin à la française, pour admirer l'orangeraie et la roseraie*. Et l'hiver* ? On peut aller « faire un plouf » dans la piscine municipale Saint-Georges qui a été la première piscine chauffée de France. Et pour tous ceux qui aiment faire la fête, la rue* Saint-Michel est un détour* obligé ! C'est une rue très animée dont les nombreux bars attirent les étudiants des universités de la ville. D'ailleurs, cette rue a été surnommée la « rue de la soif » !

▶▶ Quimper

Grâce à son patrimoine artistique, Quimper, le chef-lieu du département du Finistère, est classée ville d'art et d'histoire.

En effet, il y a de nombreux monuments à visiter : des églises (la cathédrale Saint-Corentin, l'église Saint-Mathieu et l'église de Kerfeunteun), et des musées (le musée des Beaux-Arts et le musée départemental breton qui abrite d'intéressantes collections de costumes traditionnels et d'estampes). Le visiteur peut aussi se promener dans le centre historique et admirer les remparts* et les maisons anciennes.

▶▶ Saint-Brieuc

Saint-Brieuc, chef-lieu du département des Côtes-d'Armor, est aussi l'un des neuf évêchés de la Bretagne historique (à l'origine, la Bretagne était divisée en neuf pays* correspondant aux diocèses). Dans la ville, on peut admirer la cathédrale Saint-Étienne, la basilique Saint-Pierre et le musée de Saint-Brieuc. Et pour les loisirs* ? Vous avez l'embarras du choix ! Vous pouvez flâner dans les rues piétonnes, assister au *Festival Art Rock*, qui se déroule généralement au printemps*, ou pratiquer des sports aquatiques à *Aquabaie*, le plus grand parc aquatique breton !

▶▶ Vannes

Vannes, chef-lieu du département du Morbihan, est classée ville d'art et d'histoire. On peut visiter la porte et la rue Saint-Vincent, le manoir de Château-Gaillard, la cathédrale normande et les remparts. Vannes offre aussi de beaux espaces verts et fleuris, comme le jardin des remparts, le jardin du château* de l'Hermine et le jardin de Limur.

1 Lisez le texte, puis complétez la fiche d'identité de la Bretagne.

BRETAGNE

Position .... Climat ....
Départements .... Villes principales ....
Océan .... Attraits touristiques ....
Montagnes .... Gastronomie ....

2 D'une ville à l'autre... De quelle ville s'agit-il ?
R = Rennes   Q = Quimper   SB = Saint-Brieuc   V = Vannes

	R	Q	SB	V
1 C'est une ville où fleurissent l'art et les jardins.	☐	☐	☐	☐
2 Cette ville porte le même nom que les animaux préférés du Père Noël.	☐	☐	☐	☐
3 Flânez dans son centre et découvrez les traditions régionales dans son musée.	☐	☐	☐	☐
4 *Art Rock* et *Aquabaie* : deux façons de s'amuser !	☐	☐	☐	☐

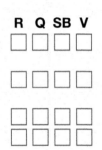

L'OCÉAN

Pense à l'océan

pense à l'océan
océan calme et tranquille
océan bleu* et paisible
L'océan avec son sable* blanc

L'océan bercé par les courants
pense à l'océan
océan plein de coquillages*
océan avec ses rivages*
L'océan bouleversé* par les vents*

1 **Associez chaque nom à la photo correspondante.**

a les vagues   **b** l'écume   **c** la plage   **d** la dune   **e** le sable   **f** un hippocampe
g une étoile de mer   **h** une coquille Saint-Jacques   **i** un coquillage
j une mouette   **k** un bateau   **l** un pêcheur

Symboles bretons

Grâce à sa richesse culturelle, la Bretagne a transformé des éléments de sa vie, de ses mœurs et de ses traditions en véritables symboles connus dans le monde entier.

1 **Connaissez-vous ces symboles bretons ? Écrivez leur nom sous la photo correspondante, puis associez-les à leur définition.**

une bombarde   une coiffe bigoudène   un biniou
un menhir   une crêpe   du gui

Comme le dit
le proverbe,
« Kant bro, kant giz »,
Cent pays*, cent coiffes*…
Vous ne me trouvez
pas jolie ?

A ....

B ....

C ....

D ....

E ....

F ....

1	☐	Petit hautbois breton.
2	☐	Dessert connu dans le monde entier.
3	☐	Traditionnelle cornemuse bretonne.
4	☐	La plus particulière des coiffes bretonnes.
5	☐	Grande pierre dressée verticalement.
6	☐	Plante à boules blanches.

Un jour, une tradition... La Chandeleur

On célèbre la Chandeleur le 2 février. Cette fête d'origine chrétienne a probablement été créée en 472 par le futur pape Gélase. Elle rappelle* la présentation de Jésus au temple de Jérusalem 40 jours après sa naissance. Le mot *Chandeleur* vient du latin *festa candelarum*, la fête des chandelles et de la lumière. Autrefois, à la campagne, on retrouvait un écho païen dans cette fête puisque l'on rendait hommage à la déesse des moissons*.

C'est une fête que l'on célèbre aujourd'hui encore dans plusieurs pays *européens : en Angleterre, on l'appelle *Candlemas*, en Allemagne, on fête *die Lichtmeß* et en Italie, la *Candelora*. Dans tous ces noms, on retrouve l'idée de la lumière.

En France, plusieurs gourmandises sont préparées à cette occasion. À Marseille, pour la *Candélouse*, comme on dit là-bas, on mange des navettes de Saint-Victor. Ce sont des pâtisseries* en forme de petites barques*. En Bretagne, comme partout en France d'ailleurs, on mange bien évidemment des crêpes*, qui sont nées ici et qu'on appelle *krampouezh*. À boire avec du cidre*, une boisson* légèrement pétillante* à base de pommes*. En Corse, on mange des *nicci*, des crêpes préparées avec de la farine* de châtaigne*.

Savez-vous qu'aux États-Unis, le 2 février, on ne fête pas la Chandeleur, mais le *Groundhog Day*, c'est-à-dire le jour des marmottes* ? Dans tous les cas, on célèbre la fin de l'hiver*.

Mmm, on se régale à la Chandeleur... En Bretagne, on ne se limite pas à préparer des crêpes, on fait aussi de délicieuses galettes*. Ce sont des crêpes salées à base de blé* sarrasin. Et chez vous, qu'est-ce qu'on fait à la Chandeleur ?

1 **Lisez le texte, puis cochez les bonnes réponses.**

1 L'origine de la Chandeleur est
- **a** ☐ païenne.
- **b** ☐ inconnue.
- **c** ☐ religieuse.

2 On fête la Chandeleur
- **a** ☐ en France.
- **b** ☐ en Europe.
- **c** ☐ dans le monde entier.

3 En France, on prépare des crêpes
- **a** ☐ partout.
- **b** ☐ seulement en Bretagne.
- **c** ☐ dans quelques régions.

4 Avec les crêpes, on boit traditionnellement
- **a** ☐ du cidre.
- **b** ☐ du vin.
- **c** ☐ de la bière.

Vivre... Saint-Malo

Saint-Malo est une ville fortifiée. La ville intra-muros se trouve à l'intérieur de remparts* construits entre le XIIe et le XIXe siècle. Le port, situé sur la Manche, connaît les marées les plus fortes d'Europe. Saint-Malo, qui porte le nom du saint homonyme, a été un port corsaire : les corsaires, avec l'autorisation du roi*, attaquaient les vaisseaux* anglais et hollandais qui naviguaient sur la Manche. Aujourd'hui encore, on peut visiter leurs maisons dans le centre historique. La vieille ville a été bombardée pendant la Deuxième Guerre mondiale, mais de 1948 à 1960, elle a été presque entièrement reconstruite. C'est un cas unique en France. De nos jours, Saint-Malo est une station balnéaire réputée*, fréquentée par de nombreux touristes. Elle a été la première ville française à créer un centre de thalassothérapie [1], où l'eau* de mer est employée pour des soins* esthétiques et médicaux. Comment visiter cette charmante cité corsaire ? Les promenades sont le moyen le plus agréable de découvrir les belles façades* du centre historique, notamment celle de la Maison internationale des poètes et des écrivains*. Bâtie au XVIIe siècle par des charpentiers de marine qui ont employé des matériaux provenant des bateaux, c'est l'une des rares maisons qui ont survécu aux bombardements. On peut aussi participer aux visites guidées de la ville, ou encore monter à bord du *Vagabond*, un petit train qui conduit les visiteurs à la découverte* du quartier des corsaires (Duguay-Trouin, Surcouf), du fort de Vauban et de la baie* de Saint-Malo. Vous savez que la tombe de Chateaubriand, le célèbre écrivain, se trouve en face de Saint-Malo sur l'île du Grand-Bé ?

« Malouin [2] d'abord, Breton après, Français s'il en reste » est la devise* actuelle des habitants de Saint-Malo. Ils sont fidèles à leur ville et à leur région, les Malouins. Le symbole de cette fidélité est l'hermine, que l'on retrouve aussi sur le drapeau* breton !

1 La thalassothérapie : le préfixe *thalasso-* dérive du grec *thalassa*, qui signifie *mer*.

2 Les Malouins : les habitants de Saint-Malo.

❶ Lisez tout d'abord le texte, puis cochez les thèmes abordés...

a ☐ position géographique   e ☐ musique
b ☐ histoire   f ☐ tourisme
c ☐ économie   g ☐ art
d ☐ culture   h ☐ artisanat

❷ ...répondez ensuite aux questions.

1 Quel est l'aspect actuel de la ville de Saint-Malo ?
....

2 Pourquoi appelle-t-on Saint-Malo la cité corsaire ?
....

3 Pourquoi est-ce une ville intéressante du point de vue touristique?
....

L'OCÉAN

Les loisirs d'un ado à...
Saint-Malo

LA MAISON DE CORSAIRE

Venez visiter avec moi la demeure des Magon de la Lande dite l'hôtel d'Asfeld, un bel édifice du XVIIIᵉ siècle. À l'intérieur, il y a plusieurs appartements, des passage secrets et une prison : ce sont les caves* de Surcouf une ancienne prison de femmes*. Qu'est-ce qu'on attend ? À l'abordage !

---

1 Le jeu de l'anagramme du corsaire... Remettez les lettres dans le bon ordre, puis associez chaque mot à sa photo.

a ÉRSTRO   T _ _ _ _ R   **c** MERAS   A _ _ _ S   **e** TRAPIE   P _ _ _ _ E

b RDPAEUA   D _ _ _ _ _ U   **d** VIRNAE   N _ _ _ _ E   **f** TEARC   C _ _ _ E

1   2   3   4   5   6

2 DELF À l'oral. « Dans le coffre des corsaires, j'ai trouvé... »
À tour de rôle, chacun de vous doit répéter cette phrase en y ajoutant à chaque fois un nouvel objet. Vous dites par exemple : « Dans le coffre des corsaires, j'ai trouvé un collier ». Votre camarade de classe peut continuer en disant : « Dans le coffre des corsaires, j'ai trouvé un collier et un canon ». Qui gagne ? Celui ou celle qui se souvient du plus grand nombre d'objets sans faire d'erreurs !

Être un ado sportif* en Bretagne

Quels sports pratique-t-on en Bretagne ? Les sports nautiques bien évidemment ! Kayak des mers, voile*, char à voile*, plongée*, kitesurf*… la liste est très longue !

Mais il existe aussi des jeux* traditionnels peu connus ailleurs : la boule* bretonne et le jeu du palet*. Le premier est un sport très populaire. On y joue surtout en équipe sur un terrain de terre battue entouré d'une bordure en bois* (le boulodrome). Le but* du jeu est de placer ses boules le plus près possible du cochonnet, une boule plus petite. La boule a évolué au fil du temps : autrefois, elle était fabriquée en bois de frêne*, d'orme*, de hêtre* ou de buis*, puis on a préféré le gaïac*, un bois très robuste utilisé en marine. Cependant, depuis les années 60, on utilise des boules en matière synthétique. Le diamètre des boules varie de 92 à 110 mm et leur poids de 600 grammes à un kilo. Le jeu du palet a trois variantes : il y a le palet sur terre, le palet sur route et le palet sur planche. À partir du printemps*, dans les villages, les parties et les concours de palets se multiplient. À la fin des compétitions*, on gagne les « Palets d'or ». Ce sport, déjà pratiqué dans la Grèce antique et à Rome, est connu en France depuis le Moyen Âge*.

Quelles sont les règles du jeu ? Chaque joueur dispose de deux palets, c'est-à-dire de deux petits disques, creux à l'intérieur, en alliage métallique ou en acier d'environ 220 g. Le but du jeu, comme pour le jeu de boules, est de placer son palet sur une plaque en bois (palet sur planche), sur un cercle dessiné sur la route (palet sur route) ou le plus près possible du « maître » situé sur un tas de terre (palet sur terre). Chaque partie se joue en douze points.

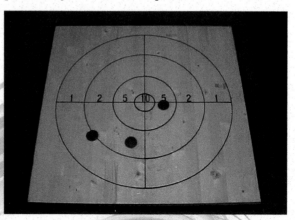

1 **Palet ou boule ?**
Lisez le texte, puis complétez le tableau.

	La boule bretonne	Le palet breton
Forme		
Dimensions		
Matériau		
Terrain de jeu		
Règles du jeu		

L'océan Atlantique [1]

L'océan Atlantique a une superficie de 82 400 000 km², ou de 104 400 0000 km² si l'on considère les mers limitrophes et l'océan Arctique. C'est donc le deuxième plus grand océan de la Terre, après l'océan Pacifique. L'océan Atlantique s'étend entre le continent américain et l'Eurafrasie (Europe, Asie et Afrique). Le fond de cet océan est caractérisé par la présence d'une chaîne* montagneuse sous-marine : la dorsale médio-atlantique.

1 L'océan Atlantique : son nom dériverait du titan Atlas qui, dans la mythologie grecque, portait le Ciel sur ses épaules.

▶▶ Océanopolis

Vous voulez découvrir l'océan, sa faune et sa flore ? *Océanopolis* est l'endroit* rêvé pour cela. Vous pourrez explorer toutes les mers du globe, en visitant les trois pavillons qui expliquent les milieux tempéré, polaire et tropical. Vous pourrez admirer 10 000 animaux de 1 000 espèces différentes qui vivent dans cinquante aquariums. Et n'oubliez* pas de faire un tour* du côté de la manchotière la plus grande d'Europe, où vivent une quarantaine de manchots* nés en captivité. Cap sur le port de Brest et son parc *Océanopolis*…

▶▶ Les marées

Le phénomène des marées, si spectaculaire en Bretagne, est provoqué par l'attraction que la Lune et le Soleil exercent sur les océans. Il y a deux cycles de marée par jour. Chaque cycle dure environ six heures. L'eau* monte pendant six heures, puis, après une dizaine de minutes, elle redescend de nouveau pendant six heures. On parle donc de marée haute et de marée basse. Le coefficient de marée mesure la différence de niveau* entre la pleine et la basse mer. Lorsque* la Terre, la Lune et le Soleil ont des positions particulières, le coefficient peut arriver jusqu'à 100, voire plus ! On parle alors de grandes marées.

1 **Lisez le texte, puis complétez les phrases.**

1 L'océan Atlantique est ....

2 Les marées sont provoquées par ....

3 À *Océanopolis*, il y a ....

L'océan dans les légendes

La Bretagne est une terre de légendes, de *gwerzioù* en breton. L'une des plus célèbres est celle de la ville d'Ys, une ville submergée par l'océan. L'histoire raconte que cette ville était située dans la baie* de Douarnenez. C'était aussi la plus belle cité du monde. Lutèce aurait été baptisée *Paris* car en breton *Paris* signifie *pareille à Ys*.

1 **Écoutez la légende, puis remettez les phrases dans le bon ordre.**

a ☐ Les cloches de la ville d'Ys sonnent.

b ☐ La princesse Dahut naît.

c ☐ La ville d'Ys est engloutie par l'océan.

d ☐ Dahut se noie et se transforme en sirène.

e ☐ Le roi Gradlon tombe amoureux de Malgven, la reine du Nord.

f ☐ Saint Guénolé et Gradlon réussissent à se sauver.

g ☐ Gradlon bâtit la ville d'Ys pour sa fille.

h ☐ Grandlon se rend à Quimper et en fait la capitale de son règne.

i ☐ Le diable se présente à Dahut et lui demande la clé de la digue.

j ☐ La sirène Dahut chante en peignant ses cheveux d'or.

2 DELF **À l'écrit. Pendant son voyage, Camille a décidé d'écrire un journal de bord. Aidez-la à en écrire une page.**

Aujourd'hui,

L'OCÉAN

CHARADES· DE PIRATES

1 Mon premier est une île française.
On respire mon deuxième.
Mon tout est un synonyme de pirate :
_ _ _ _ _ _ _ _

2 Mon premier est un chiffre qui porte malheur.
Mon deuxième est un métal précieux.
Mon tout est un ensemble de bijoux et de pièces de monnaie : _ _ _ _ _ _

3 Mon premier est une pièce de tissu.
Mon deuxième recouvre les os.
Mon tout est le symbole du navire des pirates : _ _ _ _ _ _ _

LA PALETTE· DE L'OCÉAN

● **Associez chaque nom à sa couleur.**

a aigue-marine	**b** eau	**c** outremer
d turquoise	**e** bleu	**f** azur

1 ☐ **2** ☐ **3** ☐
4 ☐ **5** ☐ **6** ☐

Il y a vraiment un océan de choses différentes à découvrir. Par exemple, saviez-vous que le fleuve le plus long de France se jette dans l'Atlantique ? Je connais quelqu'un qui en sait davantage... enavo !

Civilis@ction

● **V**ous désirez mieux connaître la culture bretonne ? Divisez la classe en groupes, puis complétez la fiche suivante. Aidez-vous d'Internet et des pages précédentes.

Archéologie
Art
Gastronomie
Histoire
Langue
Légendes
Musique
Ports
Traditions

● **C**haque groupe présente ensuite ses recherches à la classe. Vous pouvez réaliser des posters à afficher en classe, ou bien un dépliant pour mieux faire connaître la Bretagne. À vous de choisir et... n'oubliez pas de demander à Astérix et Obélix de vous aider !

LE FLEUVE

Merci, Camille...
Et vous, vous êtes prêts*
pour une nouvelle aventure ?
Alors, nous allons découvrir
ensemble un célèbre fleuve [1]
et les richesses qui
l'entourent...

Il est midi
Les loriots [2] sifflent,
La rivière* coule en silence

1 Observez la photo. Écrivez ensuite un logorallye, c'est-à-dire un bref récit avec des contraintes. Dans votre histoire, vous devrez utiliser les mots suivants : fantôme, minuit, mystère, princesse, bougie...

---

1 **Le fleuve** : le mot vient du latin *fluvius*.   2 **Un loriot** : petit oiseau jaune et noir.

Les châteaux* de la Loire, une merveille du passé

Le Val de Loire est connu dans le monde entier pour ses châteaux. À la Renaissance*, sous l'influence de l'art* italien, les rois* et les nobles font construire plus de 100 châteaux. Visiter ces châteaux signifie entrer dans l'histoire de France, en découvrir des pages secrètes, faire un voyage* dans l'art et le passé. Les châteaux de la Loire font partie du patrimoine mondial de l'UNESCO depuis l'an 2000.

▶▶ Amboise

Le château d'Amboise a été bâti sur les restes d'une forteresse* féodale. Charles VII, Louis XII et François Ier, l'ont transformé en un superbe* édifice de style Renaissance. Au XVIe siècle, de nombreux lettrés et artistes européens ont séjourné dans cette résidence royale. Dans la chapelle* Saint-Hubert se trouve la tombe de Léonard de Vinci. Les beaux jardins du château dominent la Loire et offrent d'agréables promenades aux visiteurs. Et pourquoi ne pas s'offrir un petit frisson* en visitant les souterrains et les tours* de la forteresse médiévale ?

▶▶ Azay-le-Rideau

Ce charmant château a une histoire sanglante. Il est édifié de 1518 à 1527 sur une île au milieu de l'Indre, l'un des affluents* de la Loire, par le trésorier de François Ier, Gilles Berthelot. Ce dernier n'a pas le temps d'en terminer la construction : suspecté par le roi de détournements, il doit s'exiler à Metz. En 1417, le dauphin* Charles, le futur Charles XII, qui se promène* le long des murs du château, est insulté par les soldats d'une garnison. Vexé, le prince fait immédiatement assaillir le château : l'édifice est complètement incendié et prend le nom d'Azay-le-Brûlé jusqu'au XVIIIe siècle.

▶▶ Blois

La construction du château de Blois remonte* à quatre époques différentes. Elle s'étale en effet du XIIIe au XVIIe siècle. Louis XII, qui est né à Blois, y installe sa cour en 1498, et transforme l'ancien palais en résidence royale. François Ier fait construire l'aile nord-ouest, très fortement marquée par la Renaissance italienne. C'est Gaston d'Orléans qui fait bâtir l'aile sud-ouest, restée inachevée. Le château a été le théâtre de l'assassinat du duc de Guise en 1588. La mère de Louis XII, Marie de Médicis, y est exilée en 1617.

▶▶ Chenonceau

Ce magnifique château, appelé le « château des Dames », à cause des nombreuses femmes* qui ont joué un rôle important dans sa construction, est bâti sur le Cher, l'un des affluents de la Loire.

Thomas Bohier, receveur des finances de Louis XII et de François Ier, et sa femme, Catherine Briçonnet, commencent son édification en 1513. À partir de 1547, Chenonceau est le lieu* de séjour préféré de Diane de Poitiers, la favorite d'Henri II. Diane prolonge le château par un pont* sur le Cher. C'est Catherine de Médicis, la femme d'Henri II, qui, à la mort du roi, fait bâtir sur ce pont une superbe galerie à deux étages*. Chenonceau est aussi célèbre pour ses jardins à la française, pour son parc, pour la richesse de son mobilier et pour ses collections de tableaux* du Primatice, de Corrège, de Rubens et du Tintoret.

▶▶ Des châteaux en fleurs

Beaucoup de châteaux possèdent de très beaux parcs et jardins : parmi* les plus célèbres, on peut citer les jardins du château de Villandry. Vous pouvez vous promener dans le jardin d'eau* au centre duquel se trouve un grand bassin*. Admirez également le potager* de la Renaissance, où l'on peut trouver tous les légumes* de l'époque (sauf la pomme de terre* qui n'arrive en France qu'au XVIIIe siècle). Il se compose de neuf carrés de même taille, mais aux couleurs* et aux motifs géométriques différents. N'oubliez* pas d'aller vous perdre dans le labyrinthe composé de massifs* de buis*.

Au château de Beauregard, dans un merveilleux jardin composé de douze « chambres de verdure » poussent 400 espèces de plantes vivaces (iris, lupins, digitales, buis…) et 100 de plantes grimpantes. Les floraisons débutent en mars et alternent jusqu'au mois d'octobre.

Le château de Chaumont accueille tous les ans le Festival international des jardins, auquel participent des paysagistes venus du monde entier.

1 Chasse aux châteaux ! Écrivez sous chaque photo le nom du château représenté.

1 ....

2 ....

3 ....

4 ....

5 ....

6 ....

2 D'un château à l'autre... À quel château correspond chaque définition ?

1 Deux Catherine ont séjourné dans ce château de charme qui se reflète dans l'eau.
C'est ....

2 Le duc de Guise y a trouvé la mort et une reine y a été exilée.
C'est ....

3 C'est le château qu'il faut visiter, si la *Fête des jardins* on veut admirer.
C'est ....

4 Le sang et les flammes se mêlent dans l'histoire de ce château.
C'est ....

5 Des artistes y ont séjourné, Léonard de Vinci ne l'a plus quitté.
C'est ....

Arts* et artistes de la Renaissance*

1 Placez tout d'abord chaque mot dans la bonne catégorie. Attention ! Certains mots peuvent appartenir à plusieurs catégories...

> un tapissier   une sculpture   une peinture   un tableau   l'architecture
> un ciseleur   un peintre   une tapisserie   un orfèvre   un sculpteur
> une ciselure   l'orfèvrerie   un architecte

Arts	Artistes	Œuvres d'art
_____	_____	_____
_____	_____	_____
_____	_____	_____
_____	_____	_____
_____	_____	_____
_____	_____	_____
_____	_____	_____

2 ...écrivez ensuite sous chaque œuvre l'art représenté.

1 ....

2 ....

3 ....

4 ....

Son et lumière
au château* d'Amboise

Les soirs d'été, le château s'anime. Des défilés de personnages en costume d'époque et des musiciens* font revivre le château illuminé pour la plus grande joie des spectateurs. On danse des pavanes [1] et des gaillardes [2]. Amboise propose aussi un spectacle historique. Vous êtes prêts* ? Alors, suivez le guide !

1   La pavane : ancienne danse au rythme lent, typique du XVIe et du XVIIe siècle.
2   La gaillarde : danse de couple animée, très à la mode au XVe et au XVIe siècle.

1 Écoutez tout d'abord l'enregistrement...

2 ...écrivez ensuite sur la feuille les caractéristiques de ce personnage.

Une page d'art* et d'histoire...
Léonard de Vinci et le Clos-Lucé

Le Clos-Lucé est un édifice de briques* roses et de tuffeau à l'aspect particulier. De 1516 à 1519, il a accueilli Léonard de Vinci. Appelé en France par François Ier, Léonard traverse les Alpes à dos de mule et apporte avec lui trois toiles* célèbres : la *Joconde*, *Sainte Anne* et *Saint Jean Baptiste*. À Amboise, Léonard de Vinci reçoit une pension de 700 écus d'or par an et il est libre « de vivre sa vie, de penser et de travailler ». Pour remercier le roi* et sa sœur, Marguerite de Navarre, de leur protection, l'artiste remplit plusieurs fonctions : metteur en scène des fêtes de la Cour, ingénieur civil et militaire, urbaniste... Il s'éteint au Clos-Lucé le 2 mai 1519, à l'âge de 67 ans.

Aujourd'hui, visiter le Clos-Lucé signifie retrouver la présence du Maître : voir sa chambre, sa cuisine, son cabinet de travail*, mais aussi découvrir les 40 machines qu'il a dessinées. Ces machines, réalisées par IBM d'après les dessins originaux de l'artiste, sont exposées dans les salles du château*. On peut y voir, entre autres, la première automobile et un compteur métrique.

La graphie de Léonard est particulière : il utilise une écriture sénestrogyre* : vous savez ce que ça signifie ? Essayez de comprendre la phrase qui suit et vous aurez la réponse !

Si mon écriture vous voulez déchiffrer, un miroir pour lire de droite à gauche vous devez utiliser !

1 **Vrai ou faux ? Cochez la bonne réponse et corrigez les affirmations qui sont fausses.**

1 Léonard de Vinci est né en 1442.
V ☐ F ☐

....

2 Il a vécu au Clos-Lucé pendant trois ans.
V ☐ F ☐

....

3 Il était très apprécié par François Ier et sa famille.
V ☐ F ☐

....

4 Depuis l'Italie, il a apporté avec lui quatre toiles.
V ☐ F ☐

....

Vivre... Chambord

UN CHÂTEAU* POUR TOUTES LES SAISONS*...

Le château de Chambord, situé au sud de la Loire, est un édifice féerique*. Il surgit, majestueux et imposant, au milieu d'une forêt de 5 440 km² entourée d'un mur de 32 km de long : c'est l'équivalent du périphérique de Paris ! Avec ses 156 m de façade*, 440 pièces*, plus de 80 escaliers* et 356 cheminées, c'est un véritable chef-d'œuvre* architectural voulu par François Iᵉʳ. À partir de 1519 et pendant plus de 30 ans, environ 1 800 ouvriers ont travaillé à sa construction. De nombreux rois ont séjourné à Chambord : François Iᵉʳ, Henri II, Charles IX, Louis XII et Louis XIV.
Le célèbre escalier à double hélice, deux escaliers qui tournent* dans le même sens sans jamais se rencontrer, est attribué à Léonard de Vinci.

C'est aussi à Chambord que Molière a donné la première représentation du *Bourgeois gentilhomme*.

L'actuel calendrier d'événements touristiques est très varié : promenades matinales, balades* à vélo*, randonnées équestres au printemps*, Fête de la musique (le 21 juin), balades en calèche (de juin à septembre), concerts de trompe de chasse* et concerts de piano en été*, observation des animaux de la forêt en nocturne en septembre...

---

1 Lisez le texte, puis mettez une croix dans la ou les bonne(s) colonne(s).
● = printemps ● = été ● = automne

À Chambord, on peut...	●	●	●
...faire une balade en calèche.			
...observer de nuit les cerfs et les biches dans leur milieu naturel.			
...faire une randonnée à cheval.			
...assister à un concert de trompe de chasse.			
...admirer le lever du jour en forêt.			
...assister à la Fête de la musique.			

2 DELF À l'écrit. Thomas, fasciné par les lieux qu'il a visités, décide d'écrire une lettre à Camille pour lui raconter tout ce qu'il a fait.

Chambord, le ....

Salut, Camille !

Thomas

LE FLEUVE

Un château·, un conte de fées·

LE CHÂTEAU D'USSÉ ET LA BELLE AU BOIS· DORMANT

Construit du XVᵉ au XVIIᵉ siècle, le château d'Ussé se trouve à la lisière de la forêt de Chinon, dans un cadre naturel d'une beauté· exceptionnelle. Les enfants pourront rencontrer dans ce lieu· féerique· les personnages du conte *La Belle au bois dormant* de Charles Perrault.

1 Associez chaque mot à l'image correspondante.

a un fuseau **b** un donjon **c** une fée

1 ☐   2 ☐   3 ☐

2 Écoutez l'enregistrement, puis remettez les images dans le bon ordre.

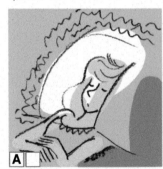

A ☐

B ☐

C ☐

D ☐

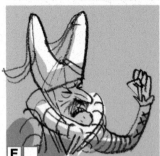

E ☐

F ☐

G ☐

H ☐

Quelle atmosphère ! Si Camille était ici, elle serait en train de bâtir des châteaux en Espagne...

Être un ado sportif* en Val de Loire

La Loire est un fleuve aux multiples facettes : elle peut être aussi bien calme que sauvage et présente des paysages variés et changeants. **Les sports qu'on peut pratiquer en Val de Loire sont donc nombreux.**

▶▶ Sur l'eau*...

Glissez sur l'eau au rythme du fleuve à bord d'un canoë, ou d'un fûtreau*, une embarcation traditionnelle à fond plat*. Ce petit bateau* mesure environ une dizaine de mètres et permet de découvrir le paysage autrement.

▶▶ Sur terre...

Les 300 km de chemins et de pistes des *Châteaux à vélo* permettent, au cours de belles balades* à bicyclette, de découvrir non seulement les châteaux*, mais aussi le territoire et les villages de la Sologne, une région forestière située au sud de la Loire.

▶▶ Dans l'air...

Un vol en montgolfière vous fait découvrir toute la région d'une perspective unique. À chaque saison*, son vol ! Il y a le vol tradition de mai à mi-octobre, le vol sensation de mi-octobre à fin décembre et enfin le vol frisson* de janvier à avril. Le paysage qui s'étale sous vos yeux vous offrira tour à tour les couleurs* vives de l'été, les nuances de l'automne* ou les tableaux* givrés* de l'hiver*.

---

1 Lisez le texte, puis répondez aux questions.

    1 Que pouvez-vous faire si...

       a ...vous aimez les balades ?

       ....

       b ...vous appréciez la navigation ?

       ....

    2 Qu'est-ce qui caractérise le vol en montgolfière ? Quels sont les trois vols que vous pouvez faire en montgolfière ?

       ....

2 DELF **À l'oral. Et vous ? Quel sport aimeriez-vous pratiquer en Val de Loire ? Expliquez pourquoi.**

La France et ses cinq fleuves

▶▶ La Loire

La Loire est aussi appelée le fleuve royal, car elle traverse un territoire caractérisé par la présence de nombreux châteaux*. Grâce à ses 1 020 km, c'est le fleuve le plus long de France. Il prend sa source à 1 408 m d'altitude, sur le mont Gerbier-de-Jonc dans le Massif* central, en Ardèche. C'est le seul fleuve « sauvage » de France : en effet, comme son débit* est très irrégulier, il est seulement navigable dans l'estuaire, jusqu'à Nantes à peu près. La Loire se jette dans l'océan Atlantique au niveau* de Saint-Nazaire.

▶▶ La Seine

La source de la Seine se situe à Saint-Germain-Source-Seine à 470 m d'altitude. Long de 776 km, ce fleuve est en grande partie navigable. Il possède les deux plus grands ports fluviaux de France : celui de Paris (port de Gennevilliers) et celui de Rouen. Il a inspiré de nombreux peintres* comme par exemple Turner, Corot, Monet ou encore Sisley. En 1912, Apollinaire l'immortalise dans le poème* *Le pont Mirabeau*.
La Seine arrose Troyes, Paris et Rouen avant de se jeter dans la Manche, près du Havre.

▶▶ La Garonne

La Garonne est navigable de Langon à l'océan. Elle prend sa source dans les Pyrénées espagnoles. C'est donc un fleuve à la fois français et espagnol. Après avoir quitté les Pyrénées espagnoles, il entre en France au Pont du Roy. Il arrose Toulouse et se dirige à nord-ouest. Après avoir parcouru 647 km, il se jette dans l'Atlantique au même endroit* que la Dordogne puisque ces deux fleuves on la même embouchure, l'estuaire de la Gironde. Ils ont un autre point en commun : le mascaret. Il s'agit d'une vague* plus ou moins forte qui remonte* le fleuve.

▶▶ Le Rhône

Le Rhône prend sa source en Suisse, dans le massif du Saint-Gothard. C'est la fonte* des eaux* du glacier du Rhône qui alimente le fleuve. C'est donc d'abord un puissant torrent* de montagne, ce qui explique le fait qu'après le Nil, c'est le fleuve au plus fort débit. Avant d'entrer en France, il se jette dans le lac Léman. En territoire français, il coule, sinueux, jusqu'aux environs de Lyon où se trouve la Saône, son principal affluent*. Il continue son cours vers le sud et, 812 km plus loin, il se jette dans la mer Méditerranée par le delta de la Camargue, le seul delta de France.

▶▶ Le Rhin

Le Rhin est le plus « européen » des fleuves français : après avoir pris sa source en Suisse, dans le canton des Grisons, il traverse cinq pays* : le Liechtenstein, l'Autriche, l'Allemagne, la France et les Pays-Bas.

Il constitue la frontière naturelle non seulement de la France et de l'Allemagne, mais aussi de l'Allemagne et de la Suisse et de la Suisse et du Liechtenstein.

Le Rhin représente une voie navigable intérieure de grande importance pour le tourisme fluvial : en Allemagne, on peut faire de superbes* croisières entre Bingen et Coblence pour admirer la « vallée héroïque » dominée par de nombreux châteaux médiévaux. Cette vallée a été reconnue patrimoine culturel mondial par l'UNESCO en 2002.

Après avoir parcouru 1 320 km et traversé six pays différents, le Rhin se jette dans la mer du Nord.

1 **Lisez le texte, puis complétez le tableau.**

	Prend sa source	Longueur	Se jette dans...	Caractéristiques
La Loire				
La Seine				
La Garonne				
Le Rhône				
Le Rhin				

2 **Les mots de l'eau**
Associez chaque mot à la définition correspondante.

> **a** une rivière   **b** un ruisseau   **c** un fleuve   **d** un affluent   **e** un torrent

1 ☐ Cours d'eau qui se jette dans un autre.
2 ☐ Grande rivière.
3 ☐ Cours d'eau de moyenne importance.
4 ☐ Cours d'eau à forte pente.
5 ☐ Petit cours d'eau.

LE FLEUVE

UNE COURONNE... FLEURIE

● **Quelles sont les fleurs qui composent cette couronne ?**

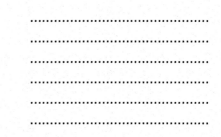

dahliamargueritecasméliaroselisazaléenarcisseorchidéejasminhortensiajacinthelilas

....
....
....
....
....
....

RÉBUS

● **Savez-vous résoudre les rébus suivants ?**

X

2

.... **et de**

....

Civilis@ction

● **V**ous désirez mieux connaître Léonard de Vinci. Divisez la classe en groupes, puis complétez la fiche suivante. Aidez-vous d'Internet et des pages précédentes.

Nom	
Date et lieu de naissance	
Activités	
Principaux chefs-d'œuvre	
Lieux où il a vécu	
Date et lieu de mort	

● **C**haque groupe présente ensuite ses recherches à la classe. Vous pouvez publier votre travail sur le site Internet de l'école ou compléter la fiche de cet artiste avec des photos de ses œuvres. À vous de choisir...

> Bon, vous avez apprécié cette balade* le long de la Loire ? Alors, on va passer d'un cours d'eau* à une nappe d'eau*. Camille ? Elle vous attend déjà, à l'étranger*...

LE LAC

1 Observez la photo et cochez les mots qui se rapportent à l'image.

a ☐ calme   d ☐ frénésie
b ☐ agitation   e ☐ sérénité
c ☐ paix   f ☐ chaos

---

1 **Le lac :** le mot vient du latin *lacus*, qui signifie *réservoir à eau*.

LE LAC

Le lac Léman [1], un lac franco-suisse

Avec une superficie de 582 km², le Léman, connu également comme lac de Genève, est le plus grand lac d'Europe occidentale.

Sa forme rappelle* celle d'un croissant* : la rive nord et les deux extrémités se trouvent sur le territoire suisse, la rive sud sur le territoire français.

Il est situé en montagne, mais sa masse d'eau* a permis la création d'un microclimat qui favorise la culture de plantes exotiques. La beauté* des rives et des villes attire de nombreux touristes et ce sont les deux célèbres poètes anglais Byron et Shelley, qui ont effectué la première traversée littéraire et touristique du lac en bateau*.

Les gastronomes apprécieront les plats* à base de poisson*, mais également les fromages* A.O.C. [2] (le reblochon et l'abondance), les fruits rouges* et les vins* comme le Crépy et le Marignan.

1 Léman : les Celtes appelaient le lac *lem-an*, c'est-à-dire *la grande eau*.
2 A.O.C. : Appellation d'Origine Contrôlée.

LES VILLES CÔTÉ SUISSE...

▶▶ Genève

Genève, chef-lieu* du canton qui porte le même nom, est la deuxième ville plus peuplée de la Suisse. D'après une étude, c'est la ville qui offre la meilleure qualité de vie au monde, après Zurich. Cette situation si favorable est liée à son histoire. À la fin du XIVᵉ siècle, Genève est une ville au commerce florissant. Puis, au siècle suivant, elle devient indépendante et accueille les banquiers protestants persécutés dans les autres pays*. L'économie connaît ainsi une nouvelle expansion. Rattachée à la France de 1798 jusqu'à la chute* de Napoléon en 1814, elle entre le 19 mai 1815 dans la Confédération helvétique. C'est une ville aux multiples facettes. Les visiteurs apprécient beaucoup la vieille ville et plus particulièrement le Jet d'eau, l'attraction touristique la plus célèbre de Genève, ainsi que l'horloge* fleurie qui mesure 5 m de diamètre et se compose de 6 500 plantes ! Cette horloge est le symbole de l'industrie horlogère genevoise.

Genève est le siège* de nombreuses organisations internationales, comme l'Organisation des Nations Unies (ONU), le Haut-Commissariat des Nations Unies pour les Réfugiés (HCR), le Comité international de la Croix-Rouge (CICR).

La vie culturelle genevoise est également très riche : c'est la ville européenne qui consacre la plus grande partie de son budget (plus de 20%) à la culture.

▶▶ Lausanne

Située sur la rive nord du Léman, Lausanne est la capitale du canton de Vaud. Ses nombreux parcs et jardins permettent d'agréables promenades : le jardin botanique du Crêt-de-Montriond, l'esplanade de Montbenon, le parc de Denantou... Le visiteur s'arrêtera admirer la cathédrale, la place* de la Palud et ses bâtiments du XVIIIᵉ et du XIXᵉ siècle, ainsi que la place Saint-François.

Lausanne est également la capitale du sport : en effet, c'est là que le Comité International Olympique (CIO) a son siège. De plus, grâce à son espace et à ses pentes, c'est le lieu* idéal pour pratiquer le roller et le skate en ville.

▶▶ Morges

La ville de Morges est fondée en 1286 par Louis de Savoie. Au Moyen Âge*, la ville prend de l'importance grâce à son port. Les Alpes de Savoie sont la toile de fond de Morges où il est possible de visiter un temple protestant, un château* et plusieurs musées consacrés à l'histoire et aux armes : le musée de l'Artillerie et le musée suisse de la figurine historique. Les touristes apprécient le marché de Noël* où l'on peut acheter des cadeaux, des bibelots et des friandises. Au printemps* et en été*, des expositions florales (tulipes, dahlias) colorent le parc de l'Indépendance et les quais* de la ville.

LES VILLES CÔTÉ FRANCE...

▶▶ Thonon-les-Bains

Thonon-les-Bains est situé dans le département de la Haute-Savoie. Sa position privilégiée sur la rive sud du Léman en fait une station touristique et thermale importante. Il est très agréable de se promener* le long du port de Rives (le port de plaisance* de la commune), ou de prendre le funiculaire qui relie le port à la ville haute. Thonon-les-Bains a longtemps été l'une des résidences de la maison de Savoie. Dans le château de Ripaille (XVe siècle), on donnait des fêtes tellement magnifiques que le mot *ripaille* est entré dans la langue française. *Faire ripaille* signifie boire et manger en grande quantité, parfois même avec excès.

▶▶ Yvoire

La ville d'Yvoire, aussi appelée « la perle du Léman », est située sur la rive sud du lac. Ce village médiéval fortifié fait partie des plus beaux villages de France. En 2002, le village a gagné le Trophée international des paysagistes et horticulteurs. La ville d'Yvoire a été bâtie autour du château qui date, comme les fortifications, du XIVe siècle, mais les maisons les plus anciennes remontent* au XIIe siècle. L'église du village a un clocher à bulbe, une forme typique de l'architecture* religieuse de la région à la fin du XIXe siècle.

1 Lisez le texte, puis complétez la fiche d'identité du lac Léman.

LAC LÉMAN	
Position	Villes principales ....
Climat	Autres villes ....
Gastronomie	Attraits touristiques ....

2 D'une ville à l'autre... À quelle ville correspond chaque définition ?

1 Promenades au bord du lac ou dans la ville haute. C'est ....

2 Espaces verts et ouverts. Un paradis pour le roller et le skate ! C'est ....

3 Un nom précieux pour un bijou de village. C'est ....

4 Un jet d'eau et une horloge fleurie sont ses emblèmes. C'est ....

5 Ses points forts sont les Alpes, son port et ses fleurs. C'est ....

LE LAC

À la découverte*...
du Jet d'eau* de Genève

C'est le plus célèbre monument suisse. Une statue ? Une église ? Un château* ? Pas du tout ! Il s'agit d'un jet d'eau de 140 mètres de haut situé au bout de la jetée [1] des Eaux-Vives.

Le spectacle commence à 9h du matin. C'est l'un des deux gardiens qui le met en marche. Ce qu'il doit faire ? Alimenter le jet, qui a une vitesse* de 200 km/h, étudier le vent* et la météo. Si le vent souffle trop fort, il faut couper l'eau qui pourrait inonder les bateaux et offrir une douche gratuite aux touristes. C'est pour cette raison* que le gardien ne doit jamais quitter* le jet des yeux, même lorsqu'il mange ! L'après-midi, un autre gardien prend la relève et il surveille l'attraction de la ville jusqu'à 11h15 du soir, heure à laquelle s'éteint le jet.

Le symbole de Genève est pourtant né par hasard : au printemps* 1886, il a été utilisé comme soupape de sécurité pour l'usine hydraulique de la ville. Une simple mesure de sécurité est donc devenue une véritable attraction.

1 Une jetée : mur qui sert de protection contre les vagues.

En France, on appelle ça un cartable*. En Suisse, c'est un sac d'école... En France, on dit soixante-dix, quatre-vingts et quatre-vingt-dix, ici, septante, huitante et nonante. C'est différent, mais c'est toujours du français !

1 Lisez le texte, puis complétez la fiche technique du Jet d'eau.

Nom..
....
Position..
....
Hauteur..
....
Vitesse de l'eau.................................
....
Horaires...
....

2 DELF À l'oral. Connaissez-vous un symbole ou une attraction importante de l'endroit où vous habitez ?

Vivre...
la promenade de la Treille

Créée en 1555 sur un terrain aménagé initialement pour la défense de la ville, la promenade de la Treille est la plus ancienne de la ville de Genève. À partir de 1721, on plante des marronniers sur deux rangées tout le long de la promenade. Si ces marronniers pouvaient parler, ils auraient beaucoup de choses à nous raconter...

Le vendredi 15 avril 1808, Marc-Louis Rigaud observe l'éclosion de la première feuille sur le marronnier qui se trouve en face de sa maison. Il répètera cette observation tous les ans jusqu'en 1831. En 1818, le conseil d'État charge le sautier [1] de vérifier lui aussi l'apparition de la première feuille d'un autre marronnier de la promenade : ce jour marquera désormais officiellement le début* du printemps* à Genève.

Cette promenade possède une autre curiosité : le banc public en bois* le plus long du monde. Il mesure 120,21 m. C'est ce même banc qui a inspiré la chanson de Georges Brassens [2] *Les amoureux des bancs publics.*

1 Le sautier : dès 1483, c'est un personnage important qui accomplit plusieurs foncions institutionnelles. Aujourd'hui encore, il vérifie le travail du fonctionnaire chargé de fixer le début du printemps à Genève.

2 Georges Brassens (1921-1981) : célèbre auteur-compositeur-interprète français.

> À Genève, pour lire un quotidien, pas de problème ! Prenez un journal dans l'une des caissettes à journaux disposées dans la ville. Et pour payer, toujours aussi simple : laissez l'argent dans la caissette !

1 **Vrai ou faux ? Cochez la bonne case et corrigez les affirmations qui sont fausses.**

1 La promenade de la Treille est la plus ancienne de Genève.
V ☐   F ☐ ....

2 En 1720, on y a planté des peupliers.
V ☐   F ☐ ....

3 Monsieur Rigaud commence son rôle d'observateur en 1818.
V ☐   F ☐ ....

4 Le relevé continue aujourd'hui encore.
V ☐   F ☐ ....

5 La promenade possède un banc très particulier.
V ☐   F ☐ ....

LE LAC

Les loisirs d'un ado sur le lac Léman :
le Bol d'Or

La voile*, un sport d'élite au XXe siècle, est aujourd'hui très répandue. Plusieurs manifestations de voile ont marqué aussi bien l'histoire du lac Léman que celle du yachting européen. Citons, par exemple, la semaine de la voile à Genève (elle existe depuis 1904) et la croisière Eynard qui a débuté en 1930. Mais la plus importante et la plus célèbre des manifestations est sans aucun doute le *Bol d'Or*.

1 Camille passe un coup de fil à Thomas. Écoutez leur conversation téléphonique, puis associez chaque événement à la date correspondante.

1	☐ 1939	**a**	Inscription de plus de 600 concurrents à la régate.
2	☐ 1950	**b**	Première édition du *Bol d'Or* avec 26 participants.
3	☐ 1986	**c**	Inscription de plus de 500 voiliers.
4	☐ 1987	**d**	Record de vitesse battu : traversée en moins de huit heures.
5	☐ 1990	**e**	50 participants et première course en moins de 20 heures.

2 DELF À l'écrit. Pendant son voyage, Camille écrit son journal intime.

Cher journal,

Être un ado sportif* sur le lac Léman : le kitesurf [1]

Vous avez déjà entendu parler du kitesurf* ? C'est un sport très récent qui est apparu sur les lacs suisses au début* des années 2000. Il faut disposer d'un cerf-volant* gonflable et d'une planche d'environ 1,30 m. Aujourd'hui, il existe des écoles pour apprendre le kitesurf et de plus en plus de jeunes le pratiquent. Après environ 50 heures, vous voilà prêts* pour défier les vagues* et les lois de l'équilibre. C'est un sport qui exige une bonne forme physique et beaucoup d'énergie, mais qui procure des émotions fortes et une grande sensation de liberté : on glisse, on saute, on vole ! Il vaut mieux pratiquer ce sport en été*, car, en hiver*, l'eau* du lac descend jusqu'à 5° C. Le premier championnat du monde a eu lieu* dans une île de l'archipel d'Hawaï en 1998. Depuis 2005, c'est un sport réglementé, et il existe même des magasins* et des magazines spécialisés.

1 Le kitesurf : ce sport est également appelé *kiteboard*.

1 **Lisez le texte, puis répondez aux questions.**

1 Comment se pratique le kitesurf ?

....

2 S'agit-il d'un sport récent ?

....

3 Quelles sont les qualités nécessaires pour le pratiquer ?

....

4 Est-ce qu'on peut le pratiquer toute l'année sur le lac Léman ?

....

5 Que s'est-il passé en 1998 ?

....

> Ici, on pilote aussi les cerfs-volants ! Moi, j'aime bien.

LE LAC

Le pêcheur*, un métier* écolo

La pêche à la ligne est autorisée dans tout le lac.
Actuellement, il y a environ 150 pêcheurs professionnels*. Ils pêchent*, mais ils contrôlent aussi la qualité des eaux* du lac. De plus, les pêcheurs peuvent seulement pêcher une certaine quantité de poisson* car il faut permettre à la faune de continuer à vivre.
Dans le lac Léman, on trouve 27 espèces de poissons d'eau douce* : la perche*, la truite*, la lotte*, le brochet*, la carpe*, la tanche*, le gardon*… Le brochet le plus long a été pêché en 1996 : il mesurait 1,34 m de long ! Le plus gros a été pêché en 2004 : il pesait 20,5 kg !
Dans le village de pêcheurs de Rives, il existe depuis 1987 l'écomusée de la pêche et du lac qui explique les différentes méthodes de pêche.

1 Connaissez-vous les poissons d'eau douce cités dans le texte ? Écrivez leur nom sous la photo correspondante, puis associez-les à leur description.

le brochet   la tanche   la truite   la carpe   la perche   la lotte   le gardon

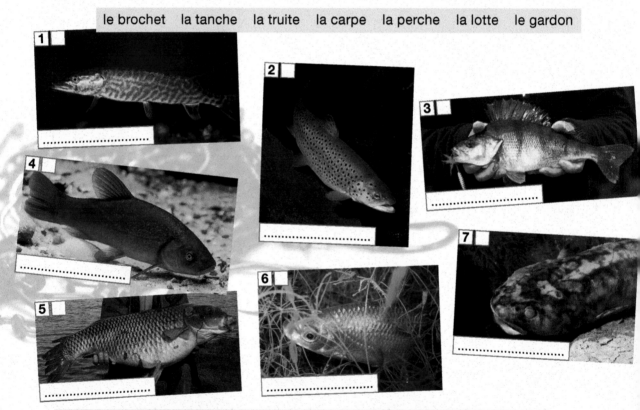

1 ....

2 ....

3 ....

4 ....

5 ....

6 ....

7 ....

a Poisson au dos vert rayé de noir.

b Poisson au dos marqué de taches qui peut avoir des reflets irisés.

c Poisson de fond à la peau sombre et à la chair délicate.

d Gros poisson au ventre jaune.

e Poisson long et étroit aux dents pointues.

f Poisson cylindrique au ventre blanc jaunâtre et au dos aux taches foncées.

g Poisson à la bouche presque horizontale et à l'iris rouge.

L'Europe francophone

▶▶ La Suisse

La Suisse est une confédération composée de 26 cantons. Elle possède quatre langues officielles : le français (parlé en Suisse romande à l'ouest : Genève, Vaud, Neuchâtel, Jura, Valais, Fribourg et Berne sont officiellement bilingues français et allemand), l'italien (parlé au sud, dans le canton du Tessin), le romanche (parlé au sud-est, en Suisse romanche dans le canton des Grisons), et enfin l'allemand, la langue majoritaire (parlé par 64% de la population au nord, en Suisse allemande). C'est un véritable puzzle linguistique ! Le pays* est montagneux : 60% du territoire est occupé par les Alpes et 10% par le massif* du Jura. La majorité de la population vit sur les plateaux qui représentent 30% du pays. Le climat* est aussi complexe que l'identité linguistique : on trouve un climat froid au nord, océanique (caractérisé

par des pluies abondantes) à l'ouest, un climat continental à l'est et méditerranéen au sud, où souffle un vent* chaud*, le *föhn*. Les villes, les villages et les lacs de la Suisse attirent de nombreux touristes, mais ce sont ses magnifiques montagnes et ses stations de ski* qui remportent* le plus de succès. Il suffit de parler de la Jungfrau et de la station de Wengen, du Cervin et du village de Zermatt pour évoquer des paysages inoubliables* ! La cuisine se base essentiellement sur le fromage* (la fondue et la raclette). Les spécialités culinaires régionales comme le *rösti*, à base de pommes de terre*, d'oignons et de fromage, ou le vacherin fribourgeois, sont à goûter absolument !

▶▶ La Belgique

La Belgique est bordée au nord-ouest par la mer du Nord. Il s'agit d'un État fédéral gouverné par une monarchie* constitutionnelle. Son chef* d'État actuel est le roi* Albert II. Du point de vue linguistique, le néerlandais (ou flamand) est parlé par environ 60% de la population et le français par 40% de la population (au sud, dans les régions wallonne et bruxelloise). En effet, la capitale a un statut bilingue. L'allemand est parlé par une minorité germanophone dans l'est du pays. Chaque communauté tend à développer sa propre identité culturelle de façon autonome. Le patrimoine artistique belge est très important : la peinture* flamande de la Renaissance*,

l'architecture* de Bruxelles, Gand, Bruges...
Dans tout le pays, les baraques à frites*, appelées aussi *fritures* ou *friteries*, ne manquent pas. Les gaufres* sont une autre spécialité typique de la ville de Liège tout comme le café liégeois, un café auquel on ajoute de la glace* à la vanille* et de la chantilly.

▶▶ Le Luxembourg

Tout comme la Belgique, le Luxembourg est l'un des six pays fondateurs de l'Union européenne. Il s'agit d'un grand-duché à la tête* duquel se trouve, depuis l'an 2000, le grand-duc Henri Ier. Les langues officielles du pays sont le luxembourgeois, le français et l'allemand. La capitale, Luxembourg, a été nommée capitale européenne de la culture en 1995 et en 2007. Son centre historique et ses

fortifications sont classés au patrimoine mondial de l'UNESCO depuis 1994. La ville est l'un des trois sièges* officiels de l'Union européenne : c'est là que se trouvent la Cour de justice, la Banque européenne d'investissement, la Cour des comptes et le Secrétariat général du Parlement européen. Collet fumé aux fèves de marais*, boudins noirs, friture de poissons*... la cuisine est à base de viande* et de poisson. Parmi* les desserts, on appréciera la tarte* aux quetsches (une variété de prunes*) et l'omelette soufflée au kirsch.

▶▶ La principauté de Monaco

La principauté de Monaco s'étend sur 2 km² ! C'est l'État le plus petit du monde après le Vatican. La langue officielle est le français, mais le monégasque, le dialecte local, est enseigné à l'école jusqu'en 5ème : pourtant,

seulement 17% de la population le parle. En 2005, Albert II a succédé à son père, le prince Rainier III. En 1956, ce dernier s'était marié* avec la célèbre actrice américaine Grace Kelly. La principauté exerce un fort attrait sur le tourisme de luxe grâce à sa position géographique, à son climat méditerranéen et à ses hôtels luxueux. À cela s'ajoutent les musées, les manifestations culturelles, les expositions, le charme du casino et de la vie nocturne. Le *Grimaldi Forum* est un espace polyvalent de 3 500 m². C'est là qu'en 2007, l'exposition *Les années Grace Kelly* a rendu hommage à cette dernière à l'occasion des 25 ans de sa disparition. La gastronomie monégasque est une cuisine méditerranéenne à base de poisson, de fruits* de mer et de légumes* : il faut goûter les *barbagiuan* (des raviolis farcis aux blettes), la tapenade d'olive, la fougasse, la tourte de blettes et la socca*.

▶▶ La vallée d'Aoste

La vallée d'Aoste est une région autonome à statut spécial située au nord-ouest de l'Italie. Les deux langues officielles sont l'italien et le français. Ancienne colonie romaine, la région conserve plusieurs monuments de l'époque. Aoste, aussi

appelée « la petite Rome des Alpes », possède de nombreux monuments datant de cette époque : l'Arc de triomphe d'Auguste, les portes prétoriennes et un théâtre qui peut accueillir 4 000 spectateurs. Grâce à la beauté* de ses paysages alpins et à la renommée* de ses stations d'hiver (Courmayeur, Breuil-Cervinia et Cogne), la vallée d'Aoste est une destination touristique hivernale que choisissent de nombreux sportifs* et touristes. Il est aussi possible de visiter de très beaux châteaux* comme par exemple ceux de Fénis, Verrès ou Issogne. La fontine, le fromage local, est très présente dans la cuisine valdôtaine, mais il existe de nombreuses spécialités charcutières, et plus particulièrement la *motsetta* de chamois* et le lard d'Arnad.

1 Complétez le tableau.

Pays/Région	Capitale	Statut politique	Attraits touristiques	Gastronomie
Suisse				
Belgique				
Luxembourg				
Principauté de Monaco				
Vallée d'Aoste				

Symboles francophones

1 **Connaissez-vous ces symboles francophones ?**
Écrivez leur nom sous la photo correspondante, puis associez-les à leur pays ou région.

| Manneken-Pis | la fontine | le chocolat | la dentelle | le franc suisse | les armoiries |
| la grolle | le timbre | le blason | la devise | la pendule à coucou | les frites |

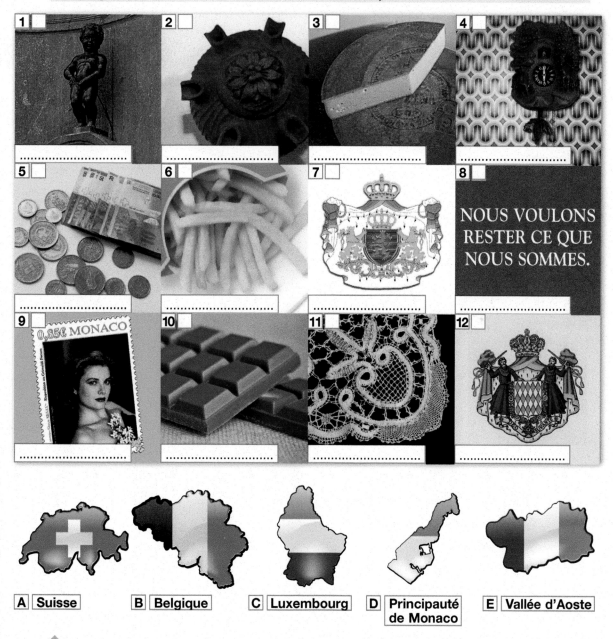

A Suisse   B Belgique   C Luxembourg   D Principauté de Monaco   E Vallée d'Aoste

2 DELF **À l'oral. Savez-vous quelle est l'origine de ces symboles ? Si ce n'est pas le cas, faites une petite recherche !**

LE LAC

LANGUES D'EUROPE

● **Écrivez la ou les langue(s) parlée(s) dans chaque pays ou région.**

1 En Belgique, on parle… ....

2 Au Luxembourg, on parle… ....

3 Dans la principauté de Monaco, on parle… ....

4 En Suisse, on parle… ....

5 Dans la vallée d'Aoste, on parle… ....

Civilis@ction

● **V**ous désirez mieux connaître la francophonie. Choisissez un pays, puis, par groupes, complétez la fiche suivante. Aidez-vous d'Internet et des pages précédentes.

Pays/Région	
Capitale ou ville principale	
Autres villes	
Forme de l'État	
Économie	
Attraits touristiques	
Manifestations culturelles	
Gastronomie	

● **C**haque groupe présente ensuite ses recherches à la classe. Vous pouvez organiser un concours et décerner un prix au meilleur dossier.

On pensait se retrouver ici avec Thomas, mais nos projets sont tombés dans le lac, enfin à l'eau, je veux dire… Thomas a dû partir… Il a fait un long voyage*, mais il est arrivé dans des lieux* magnifiques ! Vous n'êtes pas curieux ? Ia ora na, Thomas…

1 À votre avis, où se trouve Thomas ? Observez la photo et émettez des hypothèses.

---

1 L'île : le mot vient du latin *insula* qui signifie *île*.

2 Maeva : ce mot signifie *bienvenue*. On le dit à quelqu'un que l'on veut traiter « comme un roi ». En effet, à l'origine, on s'adressait ainsi seulement aux personnes de sang royal.

La Polynésie française,
les couleurs* du paradis

La Polynésie française fait partie de l'Océanie, un continent situé au milieu du Pacifique sud. Elle se compose de plus de 130 îles divisées en cinq archipels : l'archipel de la Société, des Tuamotu, des Gambiers, des Australes et des Marquises. Il y a du soleil toute l'année, sauf en novembre et en décembre où il pleut souvent. Les langues parlées sont le français et les diverses langues locales regroupées sous le nom de *reo ma 'ohi* : chaque archipel a sa propre langue. La monnaie est le franc CFP : il correspond à 119,33 euros et n'est soumis à aucune variation. La mer cristalline, les volcans et les atolls [1] font de la Polynésie une destination de rêve. La cuisine est principalement à base de poisson* (daurade coryphène ou *mahi mahi*, espadon ou *meka*, thon* rouge) et de crustacés* (*chevrette*, une crevette d'eau* douce, *varo*, un crustacé allongé, et langoustes). On y trouve aussi une grande variété de fruits*, comme la papaye*.

L'archipel de la Société [2]

LES ÎLES DU VENT*

▶▶ Tahiti

Tahiti est la plus grande et la plus importante île de l'archipel. Elle est formée par deux volcans : le premier constitue la grande Tahiti (*Tahiti Nui*), et le second, la petite Tahiti (*Tahiti Iti* ou presqu'île de Taiarapu). À l'intérieur se dressent les monts Orohena (2 241 m) et Aorai (2 066 m),

recouverts par une végétation luxuriante. Papeete est le chef-lieu* de l'île depuis 1827 et la capitale de la Polynésie française depuis 1842. Le port de la ville accueille de nombreux paquebots* de croisière et la vie nocturne y est souvent très animée. On peut y déguster des plats* traditionnels, comme le poisson cru à la tahitienne, dans des roulottes-restaurants. Les brasseries et les quelques boîtes* de nuit se concentrent le long du boulevard* Pomare. C'est aussi sur cette île que le célèbre peintre* Paul Gauguin a vécu de 1891 à 1893. Il a peint* pendant cette période de nombreuses toiles* s'inspirant de Tahiti et de ses habitants.

▶▶ Moorea [3]

Moorea porte le nom du fils d'un grand chef* guerrier. Elle est séparée de Tahiti seulement par un chenal. Il y a huit montagnes sur cette île et son point culminant est le mont Tohiea (1 207 m). Il faut visiter le Tiki Théâtre Village, un

village polynésien d'autrefois, avec ses *fare* (maisons). De nombreux spectacles de danse et de musique y sont organisés. On peut même se marier* « à la polynésienne ». La cérémonie prévoit des couronnes de fleurs*, des musiciens*, de magnifiques costumes et des danses. Cette île est aussi appelée l'*île des chercheurs* car deux importantes stations internationales de recherche y sont basées : la station Richard B. Gump et le CRIOBE (Centre de Recherches Insulaires et Observatoire de l'Environnement*).

---

1. Un atoll : île corallienne en forme d'anneau qui renferme un lagon (un petit lac communiquant avec la mer).

2. L'archipel de la Société : c'est le navigateur Cook qui a baptisé ainsi l'archipel en 1769, en l'honneur de la Société royale de Londres qui l'avait chargé de se rendre à Tahiti.

3. Moorea : *mo'o* signifie *lézard* et *rea*, *jaune*.

LES ÎLES SOUS-LE-VENT [1]

▶▶ Bora Bora [2]

Bora Bora est surnommée « la perle de la Polynésie ». Elle est parsemée de *motu* (îlots) et possède l'un des plus beaux lagons au monde. La nuit, quand tout le monde dort, les *tupa*, de gros crabes végétariens et inoffensifs, sortent de leurs terriers creusés dans le sable* et se promènent* sur l'île... Le mont Otemanu (727 m) domine l'île aux plages* de sable blanc. Vaitape, le centre administratif de l'île, est un village coloré et animé. Vous pourrez y admirer les *fare* sur pilotis et parcourir la route des *marae*, des lieux* de culte très anciens. Le plus important est le *marae* Fare Rua.

▶▶ Huahine [3]

Huahine est une île sauvage caractérisée par la présence de deux volcans qui la divisent en deux parties : *Huahine Nui* (la grande Huahine) et *Huahine Iti* (la petite Huahine). Sur cette île, les traditions anciennes sont préservées, et il y a de nombreux *marae*, tout particulièrement sur le site archéologique de Maeva. Après une agréable promenade dans l'Eden Parc, un parc fruitier tropical, on peut se rafraîchir avec des jus de fruits frais. L'animal* sacré de l'île est l'anguille aux yeux bleus*. Cette énorme anguille (elle mesure de 1,50 m à 2 m de long et pèse entre 10 et 12 kg) vit dans un bassin* naturel à Faie.

1. Les îles Sous-le-Vent : c'est le navigateur Cook qui a donné ce nom à l'archipel à cause de l'exposition de ces îles aux alizés.
2. Bora Bora : le nom de l'île signifie *première née*.
3. Huanine : le nom de l'île signifie *fruit gris*.

1 Lisez le texte, puis complétez la fiche d'identité de la Polynésie française.

POLYNÉSIE FRANÇAISE	
Continent	....
Océan	....
Archipels	....
Climat	....
Gastronomie	....
Langues	....
Îles principales	....
Attraits touristiques	....

2 D'une île à l'autre... De quelle île s'agit-il ?
T = Tahiti   M = Moorea   B = Bora Bora   H = Huahine

1 Un merveilleux lagon turquoise charme le visiteur. ☐
2 L'Eden Parc vous attend sur cette île. ☐
3 On peut s'y marier... à la polynésienne ! ☐
4 Un grand peintre y a vécu. ☐

> Mmm... Ça sent* bon la fleur de tiare* ! Elle sert aussi de signal. Si tu la mets à l'oreille droite, ton cœur* est libre, à l'oreille gauche, il est pris... Simple et efficace, n'est-ce pas ?

L'ÎLE

À la découverte*...
d'une terre aux mille parfums

La Polynésie, c'est le triomphe de la nature, des arbres*, des fruits* et des fleurs*. Il y a le cocotier (qui donne la noix de coco*), l'hibiscus*, la bougainvillée*, l'arbre* à pain ou *uru* (son fruit est appelé *maiore* par les Tahitiens), le bananier*, le jasmin* (une plante grimpante), la vanille* (dont le fruit porte le même nom et a un arôme* intense), le fruit de la passion*, la papaye*, le tipanier* (à la fleur blanche à cinq pétales), le gardénia*, l'ananas* et, bien évidemment, la fleur emblème de Tahiti, le *tiare**. La Polynésie, c'est tout un paysage coloré et parfumé !

1 Connaissez-vous les fruits et les fleurs cités dans le texte ? Écrivez tout d'abord leur nom sous la photo correspondante...

1 ....
2 ....
3 ....
4 ....
5 ....
6 ....
7 ....
8 ....
9 ....
10 ....
11 ....
12 ....

2 ...placez-les ensuite dans la bonne catégorie.

FLEURS

FRUITS

La *poe rava*, la perle noire

La Polynésie française est célèbre pour ses perles noires. Mais une perle noire, c'est quoi ? **Reprenons depuis le début***. La *pinctada margaritifera* est une huître qui mesure de 15 à 20 cm et qui vit au fond des lagons. Cette huître est vraiment spéciale, puisqu'elle renferme la perle noire, la *poe rava*. Les plus recherchées sont appelées « aile de mouche » car elles sont d'un noir-vert. Les Polynésiens découvrent les perles noires dès l'Antiquité : ils les utilisent seulement comme ornements, mais à l'époque, la plupart des huîtres sommeillent tranquillement au fond des lagons. Mais alors, qui a reveillé la « perle au lagon dormant » ? C'est avec l'arrivée des Européens au XIX\e siècle que naît le commerce des perles noires. Et les plongeurs* qui vont à la recherche des *pinctada margaritifera* ne sont pas des princes charmants ! En 1960, les huîtres perlières ont presque totalement disparu ! Le gouvernement intervient alors et, à partir des années 70, il introduit la perliculture.

« L'île aux perles noires » se trouve dans l'archipel des Tuamotu, sur l'atoll de Manihi, mais bien évidemment, on trouve des perles noires dans toutes les bijouteries de la Polynésie. On peut aussi visiter à Papeete le musée de la perle. Mais quelles sont les caractéristiques d'une perle noire « parfaite » ? Sa taille, entre 8 et 12 mm, sa forme ronde, sa surface sans imperfections, sa couleur* et son brillant. Ses couleurs sont pratiquement infinies : noire aux reflets verts, bleus*, aubergine*, bruns, jaunes…

> Je sais… Vous pensez que je devrais offrir un collier de perles noires à Camille… mais c'est trop cher pour moi ! J'ai une idée ! Je lui en enverrai… une !

1 **Vrai ou faux ? Cochez la bonne case et corrigez les affirmations qui sont fausses.**

1 Toutes les huîtres peuvent produire des perles noires.
V ☐ F ☐ ....

2 Aujourd'hui, il y a beaucoup d'huîtres dans les lagons polynésiens.
V ☐ F ☐ ....

3 La perliculture est née vers 1970.
V ☐ F ☐ ....

4 L'atoll de Rangiroa est aussi appelé « l'île aux perles noires ».
V ☐ F ☐ ....

5 Dans le chef-lieu de Tahiti, on peut visiter le musée de la perle.
V ☐ F ☐ ....

6 Les huîtres *pinctada margaritifera* produisent des perles d'une seule couleur.
V ☐ F ☐ ....

L'ÎLE

Vivre… Rangiroa

L'atoll de Rangiroa est le plus grand atoll de la Polynésie (1 640 km^2). Il fait partie de l'archipel des Tuamotu, où les espaces naturels sont d'une beauté* exceptionnelle. Son lagon aux innombrables nuances possède de magnifiques plages*, des *motus*, c'est-à-dire des campements de pêcheurs* habités maintenant* par des oiseaux*, et une faune marine très riche. En effet, son lagon est un rêve pour les plongeurs* ! On y trouve des poissons* tropicaux aux mille couleurs* : le poisson-papillon*, l'amphiprion, mieux connu comme poisson-clown*, le poisson-chirurgien*, le poisson-trompette* et cent mille espèces différentes de coquillages*, comme la porcelaine tigrée* ou l'*aurantium*, splendide même si plus rare. À Rangiroa, il faut aussi visiter Tiputa, la grotte* aux requins* la plus célèbre de Polynésie ! On s'immerge à environ 40 m de profondeur pour observer les requins gris, mais sans aucun danger, bien évidemment !

1 Connaissez-vous les poissons et les coquillages cités dans le texte ? Écrivez leur nom sous la photo correspondante.

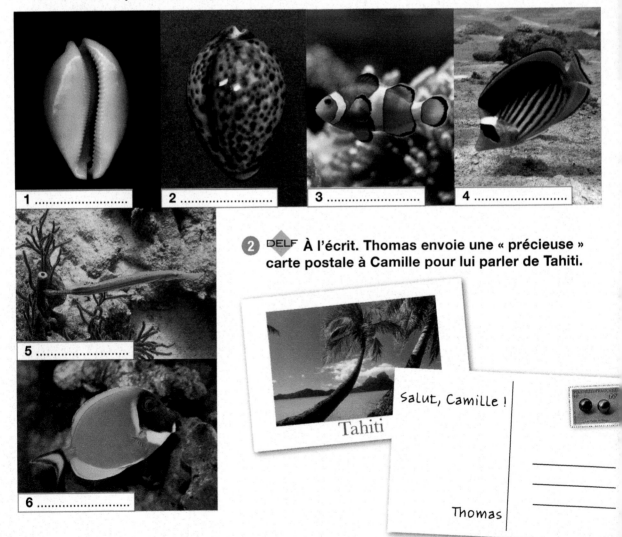

1 ....

2 ....

3 ....

4 ....

5 ....

6 ....

2 DELF À l'écrit. Thomas envoie une « précieuse » carte postale à Camille pour lui parler de Tahiti.

Tahiti

Salut, Camille !

Thomas

À propos d'art*... Gauguin [1] en Polynésie française

1 Paul Gauguin (1848-1903) : célèbre peintre français.

Me voilà à Hiva Oa, devant le Centre culturel Gauguin. Pour son inauguration, des élèves de l'école Sainte-Anne ont réalisé des « tableaux* vivants » des peintures* de cet artiste.

1 Écoutez la conversation de Thomas et Maeva, puis retrouvez l'ordre dans lequel sont cités les différents tableaux de Gauguin.

B ☐ Femme à la mangue

A ☐ aarea (Amusements)

D ☐ Marahi Metua no Tehamana (Tehamana a beaucoup d'ancêtres)

C ☐ messagers d'Oro

E ☐ Le cheval blanc

2 DELF À l'oral. Décrivez les tableaux de Gauguin.

Fêtes et traditions

Les Tahitiens adorent faire la bringue [1]. À Tahiti, on fête le jour de l'an en famille ou entre amis : on organise des jeux*, des danses et des fêtes qui durent pendant des heures. En janvier a lieu* le *tere faati* : la population effectue le tour* de l'île en truck ou à cheval* et évoque les légendes ancestrales. Cette fête se termine avec le concours du soulevage de pierres. Entre janvier et février commence le nouvel an chinois ! Bizarre ? Non, car une importante communauté chinoise habite à Tahiti. Les rues* de Papeete sont alors envahies de dragons ! En avril, on célèbre la fête des sports traditionnels polynésiens dans l'une des îles Sous-le-Vent. Au mois de juillet, on célèbre le *Heiva I Tahiti*, la plus grande fête populaire de l'île : on chante, on danse le *tamure*, on joue du *ukulele* (une guitare* polynésienne à quatre cordes*), on organise des concours de pirogue *Te Aito* et de porteurs de fruits*... En octobre, c'est le temps du carnaval à Tahiti : les jeunes construisent des chars à thème. Toujours en octobre, on pratique la pêche aux cailloux* : lorsque* de gros bancs de poissons* s'approchent de la côte, les pirogues vont à leur rencontre et les pêcheurs* lancent des pierres sur la surface de l'eau* pour diriger les poissons vers le littoral. Ces derniers sont alors emprisonnés dans un énorme piège constitué par des feuilles de cocotier. Début décembre, on célèbre la fête du *tiare** : on offre des fleurs* aux gens dans les lieux publics. Tous les dimanches de l'année, on organise le *tamaaraa*. C'est le repas tahitien par excellence, auquel participent au moins une vingtaine de personnes*. Voilà plein de bonnes raisons* pour visiter la Polynésie française !

1 La bringue : pour les Tahitiens, fête qui dure des heures.

1 **Lisez le texte, puis mettez une croix dans la ou les bonne(s) colonne(s).**
   ● = printemps   ● = été   ● = automne   ○ = hiver

En Polynésie, on peut assister aux fêtes pour le/la...	●	●	●	○
...*Heiva I Tahiti*				
...carnaval				
...jour de l'an				
...fête du *tiare*				
...pêche aux cailloux				
...*tamaaraa*				
...nouvel an chinois				
...fête des sports traditionnels polynésiens				
...*tere faati*				

Être un ado sportif*...
en Polynésie française

La Polynésie française est le paradis des sportifs. On peut y pratiquer tous les sports nautiques : du surf au ski nautique*, en passant par le parachute ascensionnel ou le jet ski. Mais l'un des sports les plus pratiqués est sans doute la plongée* avec masque, palmes, tuba et bouteilles*. On nage au milieu des coraux, des gorgones, des poissons* multicolores, des baleines à bosses et des dauphins*. Les enfants et les débutants plongeront dans les lagons, alors que les personnes* plus expérimentées plongeront en océan. On peut même plonger de nuit ! C'est un sport que les Polynésiens pratiquaient bien avant l'arrivée des Européens. Équipés du *fa ahoro* (une corde*) et d'une pierre, ils partaient à la recherche de la nacre* et des coquillages*. La plongée a bien évolué depuis et aujourd'hui, elle est devenue principalement un sport et un loisir.

1 **En plongée, il existe un code gestuel qu'il faut parfaitement connaître pour pouvoir plonger en toute sécurité. Associez chaque geste à sa signification.**

1 ☐ « J'ai un problème ! » (signe de nuit)
2 ☐ « J'ai un problème ! »
3 ☐ « Je n'arrive pas à ouvrir ma réserve ! »
4 ☐ « Tout va bien ! » (signe de nuit)
5 ☐ « Comment ça va ? »/« Tout va bien. »
6 ☐ « J'ai besoin d'aide ! »
7 ☐ « Descends ! »/« Je descends. »
8 ☐ « Je n'ai plus d'air ! »
9 ☐ « Remonte ! »/« Je remonte. »
10 ☐ « J'ai ouvert ma réserve. »

> Tous ces avions d'une île à l'autre, ça fatigue ! Sur l'île, je me déplace* en truck, un autobus à la carrosserie en bois*. Il n'y a pas d'arrêts : il suffit de faire signe au chauffeur* !

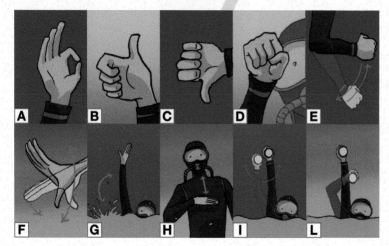

La France
d'outre-mer

La France d'outre-mer comprend l'ensemble des territoires français situés hors du territoire métropolitain. Depuis la modification constitutionnelle de 2003, il existe plusieurs catégories.

▶▶ Les DOM-ROM

Les régions et les départements d'outre-mer ont le même statut que les régions et les départements français. Comme eux, ils font partie de l'Union européenne. Il s'agit de quatre anciennes colonies françaises : la Guadeloupe, la Guyane, la Martinique et la Réunion.

La Guadeloupe est un petit archipel des Antilles françaises. L'ancienne Karukera, « l'île aux belles eaux* », doit son nom actuel à la Vierge Santa Maria de Guadalupe. La Martinique fait elle aussi partie de l'archipel des Antilles françaises. Appelée autrefois *Madinina*, « l'île aux fleurs* », elle est caractérisée par un climat* tropical. On dit qu'il existe plus de 180 couleurs* différentes de sable* à la Martinique ! Avec sa superficie de 186 504 km², la Guyane est le plus grand département français et le seul territoire français situé en Amérique du Sud. C'est en Guyane, à Kourou, que se trouve la base de lancement de la fusée* *Ariane*. Ces trois îles constituent les départements français d'Amérique (DFA). La Réunion, elle, est une île d'origine volcanique située dans l'océan Indien. Son succès touristique est dû à la grande diversité de ses paysages.

▶▶ Les COM

Les collectivités d'outre-mer, autonomes du point de vue douanier et fiscal, sont régies par un gouvernement local. Il y a la Polynésie française (elle a la dénomination particulière de pays* d'outre-mer), l'île de Saint-Pierre-et-Miquelon située au large du Canada, Mayotte, une île de l'océan Indien (en 2011, elle pourrait devenir le cinquième département d'outre-mer français), Wallis-et-Futuna qui se trouve dans l'océan Pacifique, les îles de Saint-Barthélemy et de Saint-Martin entourées de la mer des Caraïbes.

▶▶ La Nouvelle-Calédonie

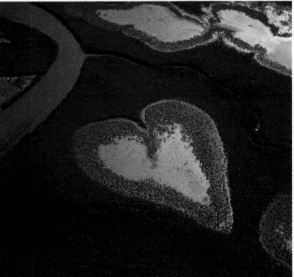

Située dans l'océan Pacifique, la Nouvelle-Calédonie fait partie de l'Océanie. C'est un territoire à statut particulier : il s'agit en effet d'une collectivité *sui generis* rattachée à la France. Ce statut est toutefois transitoire. En effet, un référendum d'autodétermination sur l'indépendance est prévu en 2014. Sa capitale est Nouméa.

▶▶ Les TAAF

Les terres australes et antarctiques françaises sont un territoire à statut particulier depuis le 6 août 1995 et comprennent des territoires inhabités : les îles Crozet, les îles Kerguelen et les îles Saint-Paul-et-Amsterdam, situées dans l'océan Indien, la terre Adélie, située sur le continent antarctique et, depuis février 2007, les îles Éparses de l'océan Indien (Bassas da India, Europa, Juan de Nova, Glorieuses, Tromelin). Ces terres sont un véritable paradis pour la faune : les îles Crozet et Kerguelen comptent parmi* les zones les plus riches du monde en oiseaux* (plusieurs millions d'exemplaires), en mammifères marins et poissons*.

1 À chaque île, son océan ! Lisez le texte, puis placez chaque île dans le bon océan.

Océan Atlantique

Océan Indien

Océan Pacifique

2 Connaissez-vous les DOM-ROM et les COM ? Associez tout d'abord chaque chef-lieu à son territoire…

a Fort-de-France   **b** Papeete   **c** Saint-Pierre   **d** Saint-Denis   **e** Marigot
f Basse-Terre   **g** Cayenne   **h** Mata-Utu   **i** Saint-Barthélemy   **j** Mamoudzu

1 ☐ Guadeloupe
2 ☐ Guyane
3 ☐ Martinique
4 ☐ Mayotte
5 ☐ Polynésie française

6 ☐ Réunion
7 ☐ Saint-Barthélemy
8 ☐ Saint-Martin
9 ☐ Saint-Pierre-et-Miquelon
10 ☐ Wallis-et-Futuna

3 …écrivez ensuite sous chaque drapeau ou blason le nom de son territoire.

1 ....
2 ....
3 ....
4 ....
5 ....

6 ....
7 ....
8 ....
9 ....
10 ....

L'ÎLE

LA POLYNÉSIE FRANÇAISE EN IMAGES

● **Associez chaque photo à l'île correspondante.**

A **B** **C** **D**

1 ☐ Bora-Bora   **2** ☐ Huahine   **3** ☐ Moorea   **4** ☐ Tahiti

Civilis@ction

● **V**ous désirez mieux connaître la Polynésie. Choisissez une île, puis par groupes, complétez la fiche suivante. Aidez-vous d'Internet et des pages précédentes.

Île
Ville principale
Attraits touristiques
Aspects culturels
Traditions
Gastronomie

● **C**haque groupe présente ensuite ses recherches à la classe. Vous pouvez réaliser un album photo ou créer une page Internet sur le site de l'école. À vous de choisir…

> Je vous dis au revoir depuis ces lieux* enchanteurs*. Moi, je reste encore un peu ici… Nana [1] !

1 Nana : *au revoir* en *reo ma'ohi*.

Thomas vient de faire un très beau voyage* ! Mais la francophonie nous réserve plein d'autres surprises !

Le français, une langue
pour cinq continents

La francophonie, c'est environ 175 millions de personnes* qui ont en partage le français comme langue de communication. Cette communauté n'a pas un seul visage. En effet, il y a environ 115 millions de francophones réels, c'est-à-dire des personnes qui parlent la langue contrairement aux 60 millions de francophones partiels, c'est-à-dire des personnes qui ont une connaissance limitée de la langue. Le français se situe au dixième rang* des langues les plus parlées au monde après le chinois, l'anglais, l'hindi, l'espagnol, le russe, l'arabe, le bengali, le portugais et le malais. Par contre, c'est la seule langue au monde avec l'anglais qui est parlée sur les cinq continents. Dans certains endroits*, le français est la langue maternelle [1] : dans la principauté de Monaco, au Luxembourg, au Québec, en Suisse, en Belgique et en vallée d'Aoste. Dans 32 pays*, le français est aussi la ou l'une des langues officielles [2]. Au Sénégal, par exemple, c'est l'une des six langues officielles, et la deuxième langue la plus parlée... bien après le *wolof* tout de même. Le français est également une langue de culture [3] dans huit pays : l'Algérie, la Tunisie, le Maroc, la Mauritanie, l'Égypte, le Laos, le Cambodge et le Viêt-nam. Enfin, une quarantaine d'États l'utilisent comme langue de communication dans les relations internationales.

L'Organisation Internationale de la Francophonie (OIF) regroupe 68 États. Il faut souligner que l'Algérie, l'un des pays ayant la plus longue tradition francophone, ne fait pas partie de l'OIF.

1 La langue maternelle : première langue apprise par une personne.

2 La langue officielle : langue dont l'emploi est retenu par un État pour la rédaction des textes officiels.

3 La langue de culture : langue largement parlée en ville et enseignée à l'école.

1 **Langue maternelle, officielle ou de culture ?**
Lisez le texte, puis mettez une croix dans la ou les bonne(s) colonne(s).

	Langue maternelle	Langue officielle	Langue de culture
Algérie			
Belgique			
France			
Laos			
Québec			
Sénégal			
Tunisie			
Vallée d'Aoste			

La francophonie

▶▶ Le Québec

En 1534 Jacques Cartier découvre le Canada. Le Québec est une province canadienne, située à l'est du pays*. Elle occupe une superficie d'environ 1 667 441 km² : c'est trois fois la superficie de la France métropolitaine ! Il y a environ 7,7 millions d'habitants, dont 82% de langue française. Les Québécois parlent un français très particulier : c'est un mélange* de français standard, d'anglicismes et de mots typiquement québécois. Le drapeau* national est surnommé le *fleurdelisé* : le drapeau est bleu* avec une croix blanche et quatre fleurs* de lis* qui représentent chaque canton. Le Québec a beaucoup d'autres symboles, comme le harfang des neiges*, par exemple, dont la couleur* blanche évoque les hivers* québécois. Mais ce rapace symbolise aussi l'engagement du gouvernement en faveur de l'environnement*. L'iris versicolore est un autre symbole du Québec. Il a remplacé le lis traditionnel qui est une plante méditerranéenne et qui ne pousse donc pas au Québec.

▶▶ Le Sénégal

Le Sénégal est un pays d'Afrique de l'Est qui fait partie de l'Afrique subsaharienne. Sa superficie est de 196 722 km² et sa population s'élève à plus de 11 millions d'habitants. Le pays est bordé par l'océan Atlantique à l'ouest. Il a une frontière commune avec la Mauritanie au nord, le Mali à l'est, la Guinée et la Guinée-Bissau au sud et la Gambie à l'ouest. Le Sénégal a une importante tradition littéraire, surtout grâce à l'œuvre de Léopold Sédar Senghor. Ce poète et homme d'État a chanté la « négritude » et a lutté pour la francophonie. Le drapeau national se compose de trois bandes* verticales de couleur verte, or et rouge. Au milieu du drapeau se trouve une étoile verte. La devise* de la République est « Un peuple* – Un but* – Une foi* ». Le pays possède deux sceaux* : sur le premier figure un lion*, symbole du courage et de la loyauté, sur le second, un baobab, un arbre* typiquement sénégalais qui procure de nombreuses ressources à la population.

2 À chaque pays, ses symboles !
Écrivez sous chaque photo le nom du symbole représenté, puis associez les emblèmes à leur pays.

A .... B .... C ....

D .... E .... F ....

Québec : ☐☐☐   Sénégal : ☐☐☐

Francophonie... aux fourneaux

3 **Camille a décidé de réaliser une recette traditionnelle de la cuisine québécoise et une autre de la cuisine sénégalaise. Mais, en faisant les courses, elle a mélangé les ingrédients ! À vous de les retrouver en lisant les phases de préparation des deux gâteaux !**

500 g de farine   1/4 de noix de coco râpée   500 g de sucre d'érable
5 œufs   250 g de beurre ramolli   1/4 de cuillère à café de sel
125 ml de lait   1 boîte de lait concentré   500 ml de sirop d'érable
125 g de beurre   250 g de sucre en poudre   1 bière Don de Dieu
huile à frire   3 œufs   115 gr de farine   1/2 cuillère à café de vanille

QUÉBEC : PUDDING DU CHÔMEUR À LA DON DE DIEU

Ingrédients :
....
....
....
....
....
....
....

Préparation :

1 Mélangez dans un saladier les 3 œufs, les 250 g de sucre d'érable et le beurre.

2 Mélangez le 500 g de farine, la levure et le sel dans un autre saladier.

3 Mélangez le lait et la vanille dans un bol.

4 Incorporez le mélange avec la farine et le mélange avec le lait à la préparation aux œufs. Mélangez deux à trois minutes pour que la préparation soit homogène.

5 Portez à ébullition la bière, le sirop et 250 g de sucre d'érable. Versez dans le fond du moule et recouvrez avec la pâte.

6 Faites cuire au four 35 à 45 minutes à 180° C.

SÉNÉGAL : GÂTEAUX À LA NOIX DE COCO

Ingrédients :
....
....
....
....
....

Préparation :

1 Sur un plan de travail, faites un puits avec la farine, le sucre et la noix de coco râpée. Ajoutez au centre le beurre ramolli, les œufs et la levure. Mélangez en ajoutant peu à peu le lait concentré.

2 Étendez la pâte sur un plan de travail fariné, saupoudrez légèrement de farine et étendez sur 0,5 cm d'épaisseur.

3 Découpez les gâteaux à l'aide d'un emporte-pièce ou d'un couteau.

4 Plongez-les dans de l'huile bouillante et faites dorer.

5 Égouttez, saupoudrez de sucre et servez.

> Mmm... Délicieux, n'est-ce pas ? Mais continuons notre voyage*... Cette fois, Thomas vous accompagnera dans un voyage à travers le temps...

> Eh oui, Camille ! Nous allons parcourir ensemble quelques pages d'histoire...

131

La frise historique

▶▶ De la préhistoire au Moyen Âge*

40000 av. J.-C. - 15000 av. J.-C.

7000 av. J.-C. - 4500 av. J.-C.

Vers 40000 av. J.-C., l'*homo erectus* devient l'*homo sapiens*. De nombreux témoignages* de la vie et de l'art* préhistorique sont retrouvés dans plusieurs grottes*. La plus célèbre est celle de Lascaux, dans le Périgord.

C'est le néolithique, caractérisé par la naissance de l'agriculture. Courthézon (Vaucluse), le plus ancien village de France connu, remonte* à 4560 av. J.-C. Entre 4500 et 4000 apparaissent les alignements* de Carnac.

900 av. J.-C.

680 av. J.-C.

Arrivée des Celtes sur le territoire de la France actuelle. Chaque tribu de ce peuple* a son roi*, ses traditions et ses dieux*. Les Romains appelleront « Gaulois » les Celtes de France.

Les Grecs fondent le comptoir* d'*Antipolis*, l'actuelle Antibes. Sa position entre la terre et la mer en fait un lieu* stratégique, le carrefour de plusieurs civilisations.

125 av. J.-C.

52 av. J.-C.

La domination romaine commence en Gaule narbonnaise, une vaste zone comprise entre les Alpes et la Garonne.

Les Gaulois et leur chef* Vercingétorix sont battus sur le mont Auxois, à proximité d'Alise-Sainte-Reine, en Bourgogne. Toute la Gaule est envahie par les Romains.

476

Chute* de l'Empire* romain d'Occident suite aux invasions des peuples germaniques. C'est Odoacre, chef des Hérules, qui détrône* Romulus Augustule.

481

Clovis est roi des Francs de 481 à 511. En 507, il réunit sous son règne les Alamans, les Burgondes et les Wisigoths.

732

Le 25 octobre, Charles Martel, le chef des Francs, engage une bataille contre les troupes musulmanes à Poitiers. Il en sort vainqueur et arrête l'avancée* des Arabes en Europe.

800

Le jour de Noël*, Charles Ier, fils de Pépin le Bref et roi des Francs, est couronné empereur* d'Occident par le pape Léon III à Rome. Il deviendra Charlemagne, Charles le Grand.

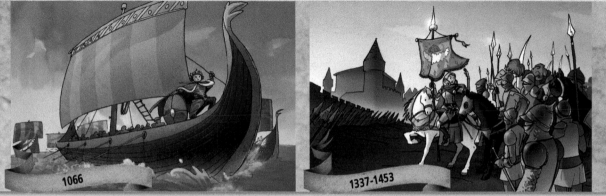

1066

Guillaume Ier, plus connu sous le nom de Guillaume le Conquérant, traverse la Manche et combat contre les Anglais. Devenu roi d'Angleterre, il impose la langue française.

1337-1453

La guerre de Cent Ans est la plus longue guerre du Moyen Âge. En 1429, Jeanne d'Arc prend la tête* de l'armée française et chasse les Anglais d'Orléans.

La frise historique

▶▶ De la Renaissance* à la Révolution* française

1515

Après sa victoire à Marignan en Italie, François Ier fait venir des artistes italiens en France. Le plus célèbre est Léonard de Vinci. C'est l'époque de la construction des châteaux* de la Loire.

1643

À la mort de Louis XIII, Louis XIV, son fils âgé de cinq ans, devient le nouveau roi* sous la régence de sa mère, Anne d'Autriche, aidée par le cardinal Mazarin.

1661

À la mort de Mazarin, Louis XIV, le Roi-Soleil, exerce seul son pouvoir* sur la France. C'est la monarchie* absolue. La France rayonne sur l'Europe et le XVIIe siècle sera appelé le « Grand Siècle ».

1701

Une coalition européenne entre en guerre contre Louis XIV et l'Espagne. La guerre de Succession d'Espagne prend fin en 1714. Philippe V devient roi d'Espagne et s'installe à Madrid.

1715

Mort du Roi-Soleil. C'est la fin du Grand Siècle, une époque caractérisée par le théâtre de Corneille, Racine et Molière et par les *Fables* de La Fontaine.

1751

Le premier tome de l'*Encyclopédie* de Diderot et D'Alembert est publié. C'est l'époque des Lumières, de la raison* éclairée, soutenue par des philosophes comme Voltaire et Montesquieu.

1757

14 juillet 1789

Début* de la guerre de Sept Ans qui oppose la France à l'Angleterre, et l'Autriche à la Prusse. La paix est signée* en 1763. L'Angleterre s'impose comme la puissance mondiale dominante. Elle contrôle l'Amérique du Nord et l'Inde.

La Révolution française éclate. le 14 juillet 1789, le peuple* prend la Bastille. Au mois d'août, les privilèges sont abolis et la Déclaration des droits de l'homme et du citoyen est adoptée.

21 septembre 1792

1793-1794

Les problèmes politiques et sociaux entraînent l'abolition de la monarchie et la proclamation de la République. C'est le début d'une nouvelle époque.

Exécution de Louis XVI le 21 janvier 1793. Robespierre est arrêté le 27 juillet 1794, puis exécuté le lendemain. C'est la fin de la période appelée la « Terreur ».

9 novembre 1799 (18 brumaire)

1814

Coup d'État de Napoléon Bonaparte qui prend le pouvoir* et devient Premier consul. Il est sacré* empereur* des Français en 1804.

L'Angleterre, la Russie, l'Autriche, la Prusse et la Suède battent Napoléon, qui est exilé sur l'île d'Elbe. Napoléon arrive sur l'île le 4 mai et il y séjournera jusqu'au 26 février 1815, date de son retour en France.

La frise historique

▶▶ De la Restauration* à nos jours

1815

Revenu de son exil, Napoléon est battu à Waterloo et déporté à Sainte-Hélène. La Restauration marque le début* de la monarchie* constitutionnelle.

1830-1845

Louis-Philippe accède au pouvoir* à la suite d'une révolution* qui détrône* Charles X. De 1830 à 1845, la Monarchie de Juillet est soutenue par la bourgeoisie*.

Février 1848

La révolution éclate. Naissance de la Seconde République avec à sa tête* Louis-Napoléon Bonaparte, neveu de Napoléon Ier.

14 janvier 1852

À la fin de l'année 1851, Louis-Napoléon Bonaparte organise un coup d'État. Il est ensuite nommé empereur* sous le nom de Napoléon III. C'est le début* du Second Empire*.

1870

La guerre éclate à nouveau et entraîne la chute* du Second Empire. Cinq ans plus tard, c'est la Troisième République. Ce sera l'époque de l'expansion coloniale.

1914-1918

La Première Guerre mondiale bouleverse* la vie des pays* européens. La France sort victorieuse du conflit*, mais elle est marquée par de graves pertes humaines et de gros problèmes économiques.

1939-1945

1946

La Deuxième Guerre mondiale est le plus grand conflit armé de l'histoire. Plus de 100 millions de combattants de 61 nations y participent.

Naissance de la Quatrième République le 27 octobre. De graves problèmes dans l'Empire colonial provoquent le début de la guerre d'Indochine.

1957

4 octobre 1958

Signature* du traité de Rome entre la France, la République fédérale allemande, l'Italie, la Belgique, les Pays-Bas et le Luxembourg. C'est le début de la Communauté économique européenne (CEE).

Le général de Gaulle, qui avait organisé la Résistance depuis Londres pendant la Deuxième Guerre mondiale, fait adopter la Constitution de la Cinquième République. Cette dernière organise les pouvoirs* publics et les institutions.

7 février 1992

16 mai 2007

Naissance de l'Union européenne à Maastricht, suite à la signature du traité sur l'Union européenne par douze États membres de la CEE. Au 1er janvier 2008, l'UE compte 27 États.

Nicolas Sarkozy prend ses fonctions à l'Élysée. Il devient le 6e président de la Cinquième République, après Charles de Gaulle, Georges Pompidou, Valéry Giscard d'Estaing, François Mitterrand et Jacques Chirac.

THOMAS et CAMILLE

Bon, Thomas,
on est déjà arrivés à la fin de
notre voyage* à la découverte* de
la France et de la francophonie.
Mais il y a encore
tellement de choses
à voir !

C'est vrai,
Camille ! Vous allez
continuer ce grand voyage tout
seuls maintenant*, n'est-ce pas ?
Regardez le merveilleux endroit*
devant lequel nous sommes venus
vous dire au revoir... Inoubliable* !
Comme nous deux,
d'ailleurs, non ?

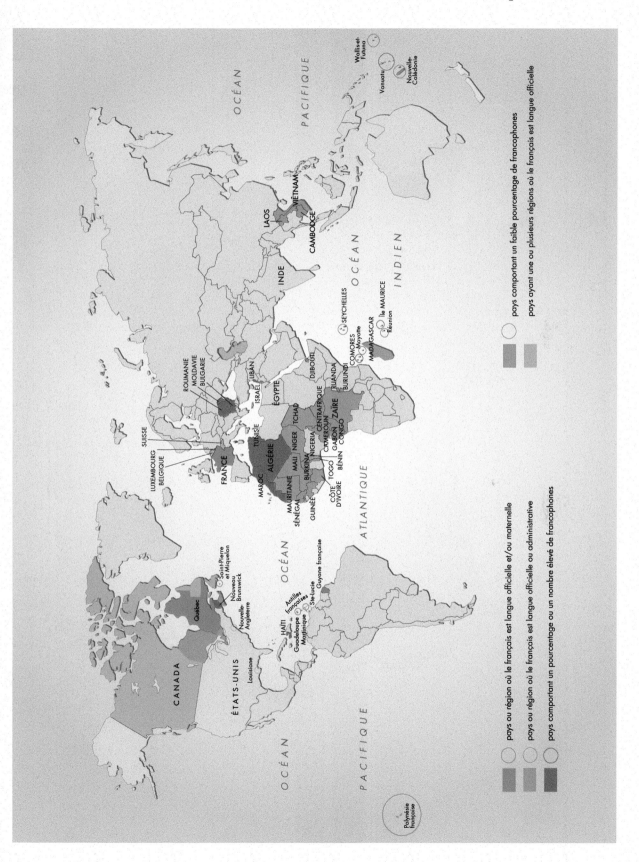

pays comportant un faible pourcentage de francophones

pays ayant une ou plusieurs régions où le français est langue officielle

pays ou région où le français est langue officielle et/ou maternelle

pays ou région où le français est langue officielle ou administrative

pays comportant un pourcentage ou un nombre élevé de francophones

La France physique

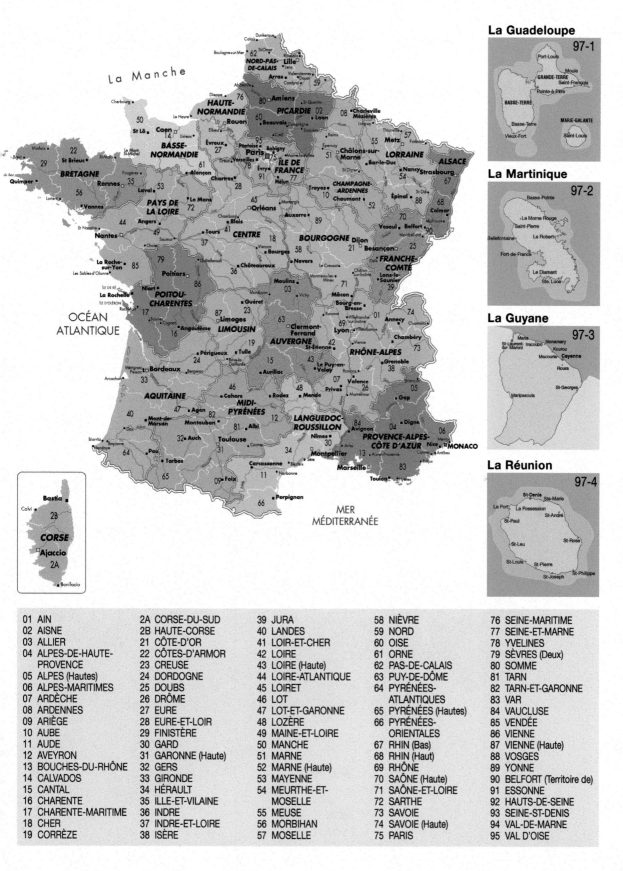

01 AIN	2A CORSE-DU-SUD	39 JURA	58 NIÈVRE	76 SEINE-MARITIME
02 AISNE	2B HAUTE-CORSE	40 LANDES	59 NORD	77 SEINE-ET-MARNE
03 ALLIER	21 CÔTE-D'OR	41 LOIR-ET-CHER	60 OISE	78 YVELINES
04 ALPES-DE-HAUTE-PROVENCE	22 CÔTES-D'ARMOR	42 LOIRE	61 ORNE	79 SÈVRES (Deux)
05 ALPES (Hautes)	23 CREUSE	43 LOIRE (Haute)	62 PAS-DE-CALAIS	80 SOMME
06 ALPES-MARITIMES	24 DORDOGNE	44 LOIRE-ATLANTIQUE	63 PUY-DE-DÔME	81 TARN
07 ARDÈCHE	25 DOUBS	45 LOIRET	64 PYRÉNÉES-ATLANTIQUES	82 TARN-ET-GARONNE
08 ARDENNES	26 DRÔME	46 LOT	65 PYRÉNÉES (Hautes)	83 VAR
09 ARIÈGE	27 EURE	47 LOT-ET-GARONNE	66 PYRÉNÉES-ORIENTALES	84 VAUCLUSE
10 AUBE	28 EURE-ET-LOIR	48 LOZÈRE	67 RHIN (Bas)	85 VENDÉE
11 AUDE	29 FINISTÈRE	49 MAINE-ET-LOIRE	68 RHIN (Haut)	86 VIENNE
12 AVEYRON	30 GARD	50 MANCHE	69 RHÔNE	87 VIENNE (Haute)
13 BOUCHES-DU-RHÔNE	31 GARONNE (Haute)	51 MARNE	70 SAÔNE (Haute)	88 VOSGES
14 CALVADOS	32 GERS	52 MARNE (Haute)	71 SAÔNE-ET-LOIRE	89 YONNE
15 CANTAL	33 GIRONDE	53 MAYENNE	72 SARTHE	90 BELFORT (Territoire de)
16 CHARENTE	34 HÉRAULT	54 MEURTHE-ET-MOSELLE	73 SAVOIE	91 ESSONNE
17 CHARENTE-MARITIME	35 ILLE-ET-VILAINE	55 MEUSE	74 SAVOIE (Haute)	92 HAUTS-DE-SEINE
18 CHER	36 INDRE	56 MORBIHAN	75 PARIS	93 SEINE-ST-DENIS
19 CORRÈZE	37 INDRE-ET-LOIRE	57 MOSELLE		94 VAL-DE-MARNE
	38 ISÈRE			95 VAL D'OISE

Plan de Paris

17e

8e

16e

7e

6

15e

14e

PARIS

0m   500   1000m

GEOATLAS
Copyright1999 Graphi-Ogre

Index analytique

Index analytique

Recettes

Locutions figurées et dictons

B • **Bâtir des châteaux en Espagne** : rêver, faire des projets irréalisables.

   • **Beau temps en juin, abondance de grain** : s'il fait beau au mois de juin, il y aura beaucoup de blé.

C • **C'est un panorama à couper le souffle** : c'est un panorama magnifique, extraordinaire.

   • **C'est chouette !** : c'est super !

   • **Ce n'est pas la mer à boire** : ce n'est pas très difficile à réaliser.

   • **C'est une Parisienne pur jus** : c'est une vraie Parisienne.

   • **C'était cool !** : c'était sympa !

   • **Chaleur d'août, c'est du bien partout** : s'il fait chaud au mois d'août, ça fait du bien.

   • **Compter les moutons pour s'endormir** : avoir des difficultés à s'endormir.

D • **Décembre trop beau, été dans l'eau** : s'il fait très beau au mois de décembre, il pleuvra en été.

E • **En avril, ne te découvre pas d'un fil** : au mois d'avril, il fait encore froid.

   • **Être aux anges** : être très heureux.

   • **Être sale comme un cochon** : être très sale.

F • **Faire du lèche-vitrine** : se promener en regardant les vitrines des magasins.

I • **Il y a un océan de choses à découvrir** : il y a plein de choses à découvrir.

J • **J'ai si soif que je boirais la mer et ses poissons** : j'ai très soif.

   • **Juillet ensoleillé remplit caves et greniers** : s'il fait chaud au mois de juillet, il y aura abondance de vin et de blé.

L • **Le vent de novembre arrache la dernière feuille** : le mois de novembre annonce l'hiver.

   • **Les douze premiers jours de janvier indiquent le temps qu'il fera les douze mois de l'année** : la météo des douze premiers jours de janvier indique le temps qu'il fera pendant toute l'année.

M • **Mars pluvieux, an disetteux** : s'il pleut au mois de mars, la récolte de l'année sera pauvre.

   • **Ménager la chèvre et le chou** : éviter de prendre une position précise.

   • **Mieux vaut être le premier au village que le deuxième à la ville** : il vaut mieux être premier dans un lieu peu important que deuxième dans un lieu important.

N • **Neige en février, bon temps pour les blés** : s'il neige au mois de février, ce sera bon pour le blé.

O • **Octobre tout en bruine, annonce hiver et ruine** : s'il y a du crachin au mois d'octobre, il fera mauvais temps en hiver.

   • **On peut s'amuser sans soulever des montagnes** : on peut s'amuser sans difficulté.

P • **Pluie de septembre, vigne abondante** : s'il pleut au mois de septembre, il y aura beaucoup de vin.

S • **Sauter du coq à l'âne** : passer brusquement d'un sujet à l'autre.

T • **Tomber à l'eau** : ne pas se réaliser.

   • **Trouver la poule aux œufs d'or** : trouver le moyen de devenir riche.

Français	Italien	Anglais	Allemand	Espagnol
abattoirs (m. pl.)	mattatoio	slaughter-house	Schlachthaus/Schlachthof	matadero
abeille (f.)	ape	bee	Biene	abeja
abrégé(e)	abbreviato	abbreviated	verkürzt	abreviado
accordéon (m.)	fisarmonica	accordion	Akkordeon	acordéon
affluent (m.)	affluente	affluent	Nebenfluss	afluente
agrume (m.)	agrume	citrus fruit	Zitrusfrucht	cítrico/agrios
aigle (m.)	aquila	eagle	Adler	águila
aigue-marine (f.)	acquamarina	aquamarine	Aquamarinblau	aguamarina
ail (m.)	aglio	garlic	Knoblauch	ajo
alignements (m. pl.)	allineamenti (Carnac)	alignments	Anreihungen	alineación
amande (f.)	mandorla	almond	Mandel	almendra
amarante	amaranto	amaranth	Amarant	amaranto
ananas (m.)	ananas	pineapple	Ananas	piña
anchois (m.)	acciuga	anchovy	Sardelle	boquerón/anchoa
âne (m.)	asino	donkey	Esel	burro/asno
animal (m.)	animale	animal	Tier	animal
anniversaire (m.)	compleanno	birthday	Geburtstag	cumpleaños
anorak (m.)	giacca a vento	anorak	Anorak/Windjacke	anorak
antilope (f.)	antilope	antelope	Antilope	antílope
apiculteur (m.)	apicoltore	bee-keeper	Bienenzüchter	apicultor(a)
arbre (m.)	albero	tree	Baum	árbol
architecte (m.)	architetto	architect	Architekt/Baumeister	arquitecto
architecture (f.)	architettura	architecture	Architektur/Baukunst	arquitectura
armoiries (f. pl.)	stemma	coat of arms	Wappen	escudo de armas/blasón
arôme (m.)	aroma	aroma	Aroma/Duft	aroma
art (m.)	arte	art	Kunst	arte
atout (m.)	punto di forza	strength	Stärke	ventaja
attrayant(e)	attraente	attractive	anziehend	atractivo/a
aubergine (f.)	melanzana	aubergine	Aubergine	berenjena
automne (m.)	autunno	autumn	Herbst	otoño
avancée (f.)	avanzata	advance	Vorrücken	avance
azalée (f.)	azalea	azalea	Azalee	azalea
bague (f.)	anello	ring	Ring	anillo/sortija
baie (f.)	baia/bacca	bay	Bucht	bahía
balade (f.)	passeggiata	walk	Spaziergang	paseo
bananier (m.)	banano	banana-tree	Bananenbaum	plátano
bande (f.)	striscia	stripe	Streifen	tira
barque (f.)	barca	boat	Boot	barca
basse (f.)	basso (strumento)	bass	Bass	bajo
bassin (m.)	bacino	basin	Becken	barreño/cuenca
bateau (m.)	imbarcazione	boat	Boot/Wasserfahrzeug	barco
bâtiment (m.)	edificio	building	Gebäude	edificio
bâtons (m. pl.) de ski	racchette da sci	ski-poles	Skistöcke	bastones de esquí
batterie (f.)	batteria	drums	Schlagzeug	batería
beauté (f.)	bellezza	beauty	Schönheit	belleza
beffroi (m.)	beffroi/torre campanaria	bell tower	Glockenturm	campanario
bélier (m.)	ariete	ram	Schafbock	aries

Lexique

Français	Italien	Anglais	Allemand	Espagnol
berceau (m.)	culla	cradle/cot	Wiege	cuna
beurre (m.)	burro	butter	Butter	mantequilla
biche (f.)	cerbiatta	deer	Hirschkuh	cierva
bière (f.)	birra	beer	Bier	cerveza
bijou (m.)	gioiello	jewel	Schmuck	joya
biniou (m.)	cornamusa bretone	Breton bagpipes	bretonischer Dudelsack	cornamusa bretón
blason (m.)	blasone	coat of arms	Wappen	blasón
blé (m.)	grano	wheat	Korn	trigo
bleu	blu/azzurro	blue	Blau	azul
bleuet (m.)	fiordaliso	bluebottle flower	Kornblume	aciano
bobsleigh (m.)	bob	bobsleigh	Bob	bobsleigh
bocage (m.)	bocage	hedged farmland	Bocage	bocaje
bœuf (m.)	manzo	beef	Rind/Rindfleisch	buey
bois (m.)	bosco/legno	wood	Wald	bosque/madera
boisson (f.)	bevanda	drink	Getränk	bebida
boîte (f.)	scatola/discoteca	box/disco	Schachtel/Diskothek	caja/discoteca
bol (m.)	scodella	bowl	Kleine Schüssel	tazón/bol
bonheur (m.)	felicità/fortuna	happiness/luck	Glück	felicidad/suerte
bonnet (m.)	berretto	hat	Mütze	gorro
bouchon (m.)	tappo	cork	Korken	tapón/corcho
bougainvillée (f.)	buganvillea	bougainvillea	Bougainvillea	buganvilla
bougie (f.)	candela	candle	Kerze	vela
boule (f.)	boccia (gioco)	bowls	Kugel/Boccia	bola/bolo
boulevard (m.)	viale alberato	boulevard	Allee	avenida/paseo
bouleverser	sconvolgere	to upset	erschüttern	estremecer/trastornar
boum (f.)	festa	party	Feier/Fest	fiesta
bouquet (m.)	bouquet	bouquet/fragrance	Blume/Bouquet	bouquet/ramo
bouquet (m.) garni	odori/gusti	herbs	Kräutersträußchen/Kräuterbündel	ramillete de hierbas
bouquetin (m.)	stambecco	Alpine ibex	Steinbock	íbice/cabra montesa
bouquiniste (m.)	venditore di libri vecchi (Parigi)	second hand bookseller (Paris)	antiquarischer Buchhändler (Paris)	librero de viejo en los muellos del Sena
bourgeoisie (f.)	borghesia	bourgeoisie	Bürgerturm	burguesía
boussole (f.)	bussola	compass	Kompass	brújula
bouteille (f.)	bottiglia	bottle	Flasche	botella
bouteille (f.) de vin	bottiglia di vino	bottle of wine	Flasche Wein	botella de vino
bouton (m.) d'or	botton d'oro	buttercup	Trollblume	botón de oro/ranúnculo
boutonnière (f.)	occhiello	buttonhole	Knopfloch	ojal
brèche (f.)	breccia	gap/crack	Bresche	brecha
brin (m.)	rametto	strand/blade	Zweigchen	brizna
brique (f.)	mattone	brick	Ziegel	ladrillo
briquet (m.)	accendino	lighter	Feuerzeug	mechero
briser	spezzare	to break/shatter	brechen	romper
brochet (m.)	luccio	pike	Hecht	lucio
buis (m.)	bosso	box-tree	Buchsbaum	boj
but (m.)	scopo/goal	aim/goal	Ziel/Tor	objetivo/meta/gol
caillou (m.)	ciottolo	pebble	Kiesel	guija
camélia (m.)	camelia	camellia	Kamelie	camelia
campagne (f.)	campagna	country	Land	campo
canal (m.)	canale	canal	Kanal	canal

Français	Italien	Anglais	Allemand	Espagnol
canoë-kayak (m.)	canoa-kayak	canoe-kayak	Paddelboot	canoa-kayac
canyoning (m.)	canyoning/ torrentismo	canyoning	Canyoning	descenso de cañones
capacité (f.)	capacità	capacity/ability	Fassungsvermögen	capacidad
carafe (f.)	caraffa	carafe	Karaffe	jarra
carpe (f.)	carpa	carp	Karpfen	carpa
cartable (m.)	cartella	schoolbag	Schultasche	cartera
carte (f.)	cartina	map	Karte	mapa
cassis (m.)	ribes nero	blackcurrant	schwarze Johannisbeere	grosella negra
cave (f.)	cantina	wine-cellar	Weinkeller	bodega
célibataire (m./f.)	celibe/nubile	single	Ledige	soltero(a)
cépage (m.)	vitigno	variety of grape vine	Weinrebe	cepa
cèpe (m.)	porcino	porcino (a wild mushroom)	Steinpilz	boleto
cerf (m.)	cervo	stag	Hirsch	ciervo
cerf-volant (m.)	aquilone	kite	Drachen	cometa
cétacé (m.)	cetaceo	cetacean	Wal	cetáceo
chaîne (f.)	catena	chain	Kette	cadena
chamois (m.)	camoscio	chamois	Steinbock	gamuza
champignon (m.)	fungo	mushroom	Pilz	seta/hongo
chapelle (f.)	cappella	chapel	Kapelle	capilla
char (m.) à voile	carro a vela	land yacht	Segelwagen	carro a vela
charade (f.)	sciarada	charade	Scharade	charada
charcuterie (f.)	salumi	cold meats	Wurstwaren	embutidos
chardon (m.)	cardo	thistle	Distel	cardo
chasse (f.)	caccia	hunting	Jagd	caza
châtaigne (f.)	castagna	chestnut	Kastanie	castaña
château (m.)	castello	castle	Schloss/Burg	castillo
chaud(e)	caldo	warm/hot	warm	caliente/cálido
chauffeur (m.)	autista	driver/chauffeur	Autofahrer/Chauffeur	chófer/conductor(a)
chaussures (f. pl.) d'alpinisme	scarpe da escursionismo	hiking boots	Bergsteigerschuhe	botas de montaña
chef-d'œuvre (m.)	capolavoro	masterpiece	Meisterwerk/Hauptwerk	obra maestra
chef-lieu (m.)	capoluogo	county/town administrative centre	Hauptort/ Provinzhauptstadt	capital de provincia
chercheur (m.)	ricercatore	researcher	Forscher	buscador
cheval (m.)	cavallo	horse	Pferd	caballo
chèvre (f.)	capra	goat	Ziege	cabra
chimpanzé (m.)	scimpanzé	chimpanzee	Schimpanse	chimpancé
chute (f.)	caduta	fall	Sturz	caída/bajada
cidre (m.)	sidro	cider	Cidre	sidra
ciseleur (m.)	cesellatore	chaser/engraver	Ziseleur	cincelador
ciselure (f.)	cesellatura	chiselling	Ziselierung	cinceladura
citron (m.)	limone	lemon	Zitrone	limón
climat (m.)	clima	climate	Klima	clima
cloche (f.)	campana	bell	Glocke	campana
cochon (m.)	maiale	pig	Schwein	cerdo
cœur (m.)	cuore	heart	Herz	corazón
coffre (m.)	baule	trunk	Koffer	baúl
coiffe (f.)	cuffia	cap	Haube	cofia

Lexique

Français	Italien	Anglais	Allemand	Espagnol
combinaison (m.) de ski	tuta da sci	ski-suit	Skianzug	mono de esquí
compétition (f.)	gara	competition/race	Wettkampf	competición
comptoir (m.)	colonia	colony	Kolonie	colonia
confit (m.) d'oie	conserva d'oca	confit of goose	Gänse-Konfit	confit de pato
confiture (f.)	marmellata	jam	Marmelade	mermelada
conflit (m.)	conflitto	conflict	Konflikt	conflicto
conte (m.) de fée	fiaba	fairy-tale	Märchen	cuento de hadas
contrefort (m.)	contrafforte	buttress	Strebemauer	contrafuerte
coq (m.)	gallo	rooster	Hahn/Hähnchen	gallo
coquelicot (m.)	papavero	poppy	Mohn	amapola
coquillage (m.)	conchiglia	shell	Muschel	marisco
coquille (f.) Saint-Jacques	capasanta	scallop/shell	Jakobmuschel	concha/vieira de Santiago
corbeille (f.)	cestino	basket	Korb	cesta
corde (f.)	corda	string	Strick/Seil	cuerda
cosmos (m.)	cosmo	cosmos	Kosmos	cosmos
couleur (f.)	colore	colour	Farbe	color
coup (m.) de fil	telefonata	phone call	Telefonanruf	llamada telefónica
courgette (f.)	zucchino	courgette	Zucchini	calabacín
cours (m.) d'eau	corso d'acqua	watercourse	Wasserlauf	río/arroyo
courses (f. pl.)	compere/spesa	purchases/shopping	Einkäufe	compras
court (m.)	campo da tennis	tennis-court	Tennisplatz	pista de tenis
couteau (m.)	coltello	knife	Messer	cuchillo
couteau (m.) suisse	coltello svizzero	Swiss penknife	Schweizer Messer	cuchillo suizo
crachin (m.)	pioggia fine e persistente	drizzle	Nieselregen	llovizna/calabobos
crampon (m.)	rampone	crampon	Krampe	crampón
crêpe (f.)	crespella/crêpe	crêpe	Crêpe	crepe
crocus (m.)	croco	crocus	Krokus	croco
croissant (m.)	cornetto	croissant	Hörnchen	bollo
crustacé (m.)	crostaceo	crustacean	Krustentier	crustáceo
cuire au four	cuocere al forno	to bake/roast	backen	cocer al horno
cuisson (f.)	cottura	cooking	Kochen/Garen	cocción
dahlia (m.)	dalia	dahlia	Dahlie	dalia
dauphin (m.)	delfino/Delfino	dolphin/heir	Delfin/Dauphin	delfín
débit (m.)	portata (di acqua)	flow	Durchfluss	caudal
début (m.)	inizio	beginning/start	Anfang	comienzo/principio
décor (m.)	scenario	scenery/setting	Szenerie/Landschaft	escenario
découper	tagliare	to cut	schneiden	cortar
découverte (f.)	scoperta	discovery	Entdeckung	descubrimiento
délayer	diluire/stemperare	to dilute	verlängern	diluir/desleír
deltaplane (m.)	deltaplano	hand glider	Drachen	ala delta
déménager	traslocare	to move house	umziehen	mudar
dentelle (f.)	pizzo	lace	Spitze	encaje
déplacer (se)	spostarsi	to move	rücken	desplazarse
détour (m.)	deviazione	detour	Umweg	desvío
détrôner	detronizzare	to dethrone	absetzen	destronar
devise (f.)	motto	motto	Spruch/Devise	lema
dicton (m.)	proverbio	proverb	Sprichwort	proverbio/refrán
dieu (m.)	dio	god	Gott	dios

Français	Italien	Anglais	Allemand	Espagnol
discipline (f.)	disciplina	discipline	Fach	disciplina
disetteux (-se)	carente	lacking	mangelnd	falto/desprovisto
djembé (m.)	djembe	djembe	Djembe	djembe
donjon (m.)	mastio/torrione	large tower	Hauptturm	torreón
drapeau (m.)	bandiera	flag	Fahne	bandera
dune (f.)	duna	dune	Düne	duna
eau (f.)	acqua	water	Wasser	agua
écluse (f.)	chiusa	lock (canal)	Schleuse	esclusa
écran (m.)	schermo	screen	Schirm	pantalla
écrivain (m.)	scrittore	writer	Schriftsteller	escritor(a)
écume (f.)	schiuma	foam	Schaum	espuma
edelweiss (m.)	stella alpina	edelweiss (plant)	Edelweiß	flor de nieve
éléphant (m.)	elefante	elephant	Elefant	elefante
éleveur (m.) de chevaux	allevatore di cavalli	horse-breeder	Pferdezüchter	criador de caballos
émission (f.)	trasmissione	broadcast/programme	Sendung	programa
empereur (m.)	imperatore	emperor	Kaiser	emperador
empire (m.)	impero	empire	Herrschaft	imperio
emploi (m.)	uso/impiego	employment/use of	Beschäftigung	empleo
emporte-pièce (m.)	stampino	small-mould	Förmchen	molde
enchanteur (-se)	incantevole	enchanting	bezaubernd	encantador(a)
endroit (m.)	luogo	place	Ort	sitio
entourage (m.)	entourage/seguito	retinue	Entourage/Umgebung	entorno
environnement (m.)	ambiente	environment	Umwelt	medio ambiente
épicéa (m.)	abete rosso	spruce-fir/spruce	Fichte/Rottanne	picea
équitation (f.)	equitazione	riding	Reiten	equitación
escalier (m.)	scala	staircase	Treppe	escalera
escargot (m.)	chiocciola	snail	Schnecke/Weinbergschnecke	caracol
escrime (f.)	scherma	fencing (sport)	Fechten	esgrima
escrimeur (m.)	schermidore	fencer/swordsman	Fechter	
espace (m.) de glisse	spazio per gli sport invernali/glisse	winter sports hall	Wintersporthalle	pista de hielo
esprit (m.)	spirito	spirit	Geist	mente/ingenio
étage (m.)	piano	floor	Stockwerk	piso/planta
été (m.)	estate	summer	Sommer	verano
étoile (f.) de mer	stella marina	starfish	Seestern	estrella de mar
étranger (-ère)	estero/straniero	stranger/foreign(er)	Ausland/Fremde	extranjero(a)
évêque (m.)	vescovo	bishop	Bischof	obispo
façade (f.)	facciata	façade/front	Fassade	fachada
falaise (f.)	falesia/scogliera	rocks/reef	Felsenriff	acantilado
fantôme (m.)	fantasma	ghost	Gespenst	fantasma
farine (f.)	farina	flour	Mehl	harina
fastes (m. pl.)	fasti	pomp	Prunk	lujos/fastos
fatigant(e)	faticoso	tiring	anstrengend	pesado(a)
fée (f.)	fata	fairy	Fee	hada
féerique	fiabesco	fairy-like/enchanting	verzaubert	mágico
félin (m.)	felino	feline	Raubkatze	felino
femme (f.)	donna/moglie	woman/wife	Frau	mujer
feuille (f.) morte	foglia morta	dead leaf	welkes Blatt	hoja seca

Lexique

Français	Italien	Anglais	Allemand	Espagnol
feuilleter	sfogliare	to glance through	durchblättern	hojear
figurant (m.)	comparsa	walk-on actor/extra	Komparse	extra/figurante/comparsa
flamant (m.) rose	fenicottero rosa	flamingo	Rosaflamingo	flamenco rosa
fleur (f.)	fiore	flower	Blume	flor
fleuve (m.)	fiume	river	Fluss	río
flotter	galleggiare	to float	schwimmen	flotar/ondear
flûte (f.)	flauto	flute	Flöte	flauta
foi (f.)	fede	faith	Vertrauen/Glaube	fe
fonte (f.)	scioglimento (neve)	melting/thaw	Schmelze	deshielo
forteresse (f.)	fortezza	fortress	Festung	fortaleza
foule (f.)	folla	crowd	Menge	multitud
four (m.)	forno	oven	Ofen/Backofen	horno
fraise (f.)	fragola	strawberry	Erdbeere	fresa
franchir	valicare	to cross	übersteigen	salvar/atravesar
frêne (m.)	frassino	ash tree	Esche	fresno
frise (f.)	fregio	frieze	Fries	friso
frisson (m.)	brivido	shiver	Frösteln/Schauer	estremecimiento/escalofrío
frites (f. pl.)	patatine fritte	chips/French fries	Pommes frites	patatas fritas
fromage (m.)	formaggio	cheese	Käse	queso
fronton (m.)	frontone	pediment/fronton	Giebel	frontón
fruit (m.)	frutto	fruit	Obst	fruta/fruto
fruit (m.) de la passion	frutto della passione	passion-fruit	Passionsfrucht	granadilla
fruit (m.) exotique	frutto esotico	exotic fruit	Exotische Früchte	fruto exótico
fruits (m. pl.) rouges	frutti di bosco	wild berries	Beerenobst/Waldbeere	frutas del bosque
fuseau (m.)	fuso	spindle	Spindel	huso/fuseau
fusée (f.)	razzo	rocket	Rakete	cohete
fûtreau (m.)	imbarcazione tipica della Loira	traditional flat-bottomed boat	traditionelles Holzboot auf der Loire	embarcación típica de la Loira
gaïac (m.)	guaiaco	guaiacum/lignum vitae	Pockholz	gaiac
galette (f.)	crêpe salata	savoury buckwheat pancake	Zwieback	crepe salada
gants (m. pl.)	guanti	gloves	Handschuhe	guantes
gardénia (f.)	gardenia	gardenia	Gardenie	gardenia
garder	conservare	to keep	bewahren	guardar
gardon (m.)	lasca	roach (fish)	Rotange/Weißfisch	gobio
gare (f.)	stazione ferroviaria	railway station	Bahnhof	estación
gâteau (m.)	dolce/torta	cake/dessert	Süßspeise/Torte/Kuchen/Dessert	pastel/tarta
gaufre (f.)	cialda	waffle	Waffel	gofre
géant (m.)	gigante	giant	Riese	gigante
girafe (f.)	giraffa	giraffe	Giraffe	jirafa
gîte rural (m.)	agriturismo	country holiday accommodation	Ferienhaus in ländlicher Umgebung	casa rural
givré(e)	coperto di brina	frost-covered	mit Reif bedeckt	escarchado
glace (f.)	ghiaccio/gelato/specchio	ice/ice cream/mirror	Eis/Spiegel	hielo/helado/espejo
gorille (m.)	gorilla	gorilla	Gorilla	gorila
gourde (f.)	borraccia	water-bottle	Feldflasche	cantimplora

Français	Italien	Anglais	Allemand	Espagnol
gourmand(e)	goloso	glutton/gourmand	gefräßig	goloso
gourmet (m.)	buongustaio	gourmet	Feinschmecker	gastrónomo
graine (f.) de moutarde	seme di senape	mustard seed	Senfkorn	mostaza en semillas
grenier (m.)	solaio	loft	Kornboden	granero/desván
grillon (m.)	grillo	cricket	Grille	grillo
grotte (f.)	grotta	cave	Grotte/Höhle	gruta
guépard (m.)	ghepardo	cheetah	Gepard	guepardo
gui (m.)	vischio	mistletoe	Mistel	muérdago
guide (m.) de haute montagne	guida alpina	alpine guide	Bergführer	guía alpina
guitare (f.)	chitarra	guitar	Gitarre	guitarra
haie (f.)	siepe	hedge	Hecke	seto
harfang (m.) des neiges	civetta delle nevi	snowy owl	Schneeeule	lechuza de las nieves
hautbois (m.)	oboe	oboe	Oboe	oboe
hauteur (f.)	altezza	height	Höhe	altura/elevación
héritier (m.)	erede	heir	Erbe	heredero
héros (m.)	eroe	hero	Held	héroe
hêtre (m.)	faggio	beech	Buche	haya
hibiscus (m.)	ibisco	hibiscus	Stundenblume/Hibiskus	hibisco
hippocampe (m.)	ippocampo/ cavalluccio marino	sea-horse	Seepferdchen	hipocampo
hippopotame (m.)	ippopotamo	hippopotamus	Flusspferd	hipopótamo
hiver (m.)	inverno	winter	Winter	invierno
horloge (f.)	orologio da parete	clock	Uhr	reloj
hortensia (m.)	ortensia	hydrangea	Hortensie	hortensia
hôtel (m.) de ville	municipio	town-hall	Rathaus	ayuntamiento
hôtel (m.) particulier	palazzo	palace	Palast	palacio
huile (f.)	olio	oil	Öl	aceite
île (f.)	isola	isle/island	Insel	isla
immeuble (m.)	edificio	building	Gebäude	inmueble
incontournable	da non perdere	fundamental	wesentlich	ineludible
ingrédient (m.)	ingrediente	ingredient	Zutat	ingrediente
inoubliable	indimenticabile	unforgettable	unvergesslich	inolvidable
instrument (m.) de musique	strumento musicale	musical instrument	Musikinstrument	instrumento musical
jacinthe (m.)	giacinto	hyacinth	Hyazinthe	jacinto
jasmin (m.)	gelsomino	jasmine	Jasmin	jazmín
jeu (m.)	gioco	game	Spiel	juego
joaillier (m.)	gioielliere	jeweller	Juwelier	joyero
jonquille (f.)	giunchiglia	daffodil	Osterglocke	junquillo
joyau (m.)	gioiello	jewel	Juwel	joya
jus (m.) de raisin	succo d'uva	grape juice	Traubensaft	mosto
kir (m.)	kir	aperitif made of blackcurrant liqueur and white wine	Kir	kir
kitesurf (m.)	kitesurf	kitesurf	Kitesurf	kitesurf
lac (m.)	lago	lake	See (der)	lago
lait (m.)	latte	milk	Milch	leche
laitue (f.)	lattuga	lettuce	grüner Salat	lechuga
laurier (m.)	alloro	bay leaf	Lorbeer	laurel

Lexique

Français	Italien	Anglais	Allemand	Espagnol
légumes (m. pl.)	verdura	vegetables	Gemüse	verduras
lever (m.) du jour	alba	dawn/daybreak	Tagesanbruch	amanecer
levure (f.)	lievito	yeast	Hefe	levadura
librairie (f.)	libreria	bookshop	Buchhandlung	librería
lieu (m.)	luogo	place	Ort	lugar/sitio
lilas (m.)	lillà	lilac	Flieder	lila
linge (m.)	biancheria	linen	Wäsche	mantelería
lion (m.)	leone	lion	Löwe	león
lis (m.)	giglio	lily	Lilie	lirio blanco/azucena
lis (m.) martagon	giglio martagone	Martagon or Turk's cap lily	Türkenbund	lirio martagón
lisière (f.)	limitare/margine	border/selvage	Schwelle	margen/lindero
loisirs (m. pl.)	passatempi	hobbies	Zeitvertreib/Hobbys	pasatiempos
loriot (m.)	rigogolo	oriole (bird)	Pirol	oropéndola
lorsque	quando	when	wenn	cuando
lotte (f.)	coda di rospo	devilfish/angler fish/monkfish	Seeteufel	rape/pejesapo
louer	affittare	to rent	mieten/vermieten	alquilar/reservar
luciole (f.)	lucciola	firefly	Glühwürmchen	luciérnaga
lunettes (f. pl.) de soleil	occhiali da sole	sunglasses	Sonnenbrille	gafas de sol
magasin (m.)	negozio	shop	Geschäft	tienda
magret (m.) de canard	petto d'anatra	duck filet	Entenbrust	pechuga de pato
maillot (m.)	maglia/costume	sports shirt	Tricot	maillot
maintenant	ora/adesso	now	jetzt	ahora
mairie (f.)	municipio	town-hall	Rathaus	ayuntamiento/alcaldía
maison (f.) à colombages	casa a graticcio	Tudor-style house	Fachwerkhaus	casa de muro de entramado de madera
maître-chien (m.) d'avalanche	istruttore di cani da valanga	trainer for avalanche dogs	Lawinenhundeführer	monitor de perros de avalancha
maki (m.) catta/roux	lemure catta/lemure variegato rosso	ring-tailed lemur/red ruffed lemur	Lemur katta/Roter Vari	lémur catta/rojo
manchot (m.)	pinguino	penguin	Pinguin	pájaro bobo/pingüino
marais (m.)	palude	marsh	Sumpf/Moor	ciénaga/pantano
marguerite (f.)	margherita	daisy	weiße Wucherblume/Margerite	margarita
marier (se)	sposarsi	to get married	heiraten/sich verheiraten	casarse
marmotte (f.)	marmotta	marmot/groundhog	Murmeltier	marmota
marron (m.)	marrone	chestnut (fruit)	Edelkastanie	castaña
masque (m.) de fer	maschera di ferro	iron mask	eiserne Maske	máscara de hierro
massif (m.)	massiccio	massif	Massiv	macizo
mauve	malva	mauve/purple	Malve	malva
mélange (m.)	miscela	mixture/blend	Mischung	mezcla
mélèze (m.)	larice	larch	Lärche	alerce
mer (f.)	mare	sea	See/Meer	mar
mer (f.) de glace	ghiacciaio	glacier	Gletscher	glaciar
métier (m.)	mestiere	job	Beruf	oficio/profesión
métropole (f.)	metropoli	metropolis	Metropole	metrópoli
miel (m.)	miele	honey	Honig	miel
mijoter	cuocere a fuoco lento	to simmer/stew	auf kleiner Flamme kochen/köcheln lassen	cocer a fuego lento
miroir (m.)	specchio	mirror	Spiegel	espejo

Français	Italien	Anglais	Allemand	Espagnol
moisson (f.)	mietitura	reaping/harvesting	Mähen	siega
monarchie (f.)	monarchia	monarchy	Monarchie	monarquía
moniteur (m.) de ski	maestro di sci	ski instructor	Schilehrer	monitor(a) de esquí
montagne (f.)	montagna	mountain	Gebirge	montaña
montre (f.)	orologio da polso	watch	Armbanduhr	reloj
montrer	mostrare	to show	zeigen	enseñar/mostrar/demostrar
moudre	macinare	to mill/grind	mahlen	moler
mouette (f.)	gabbiano	seagull	Möwe	gaviota
moule (m./f.)	stampo/cozza	mould/mussel	Form/Miesmuschel	molde
moulin (m.) à purée	passaverdura per purè	food mill	Kartoffelmühle	pasapurés
moulin (m.) à vent	mulino a vento	windmill	Windmühle	molino de viento
mousqueton (m.)	moschettone	snap-hook/crab	Karabinerhaken	mosquetón
mousse (f.)	muschio	moss	Moschus	musgo
moutarde (f.)	senape	mustard	Senf	mostaza
mouton (m.)	montone	mutton	Hammel/Schaf	carnero
Moyen Âge (m.)	Medioevo	The Middle Ages	Mittelalter	Edad Media
muguet (m.)	mughetto	lily of the valley	Maiglöckchen	muguete
musicien (m.)	musicista	musician	Musiker	músico(a)
myosotis (m.)	nontiscordardimé	forget-me-not	Vergissmeinnicht	raspilla
myrtille (f.)	mirtillo	blueberry	Heidelbeere	arándano
nacre (f.)	madreperla	mother-of-pearl	Perlmutt	nácar
nageoire (f.)	pinna	fin	Flosse	aleta
nappe (f.) d'eau	specchio d'acqua	small lake/pond	Wasserspiegel	capa de agua
narcisse (m.)	narciso	narcissus	Narzisse	narciso
natation (f.)	nuoto	swimming	Schwimmen	natación
niveau (m.)	livello	level	Niveau	nivel
Noël (m.)	Natale	Christmas	Weihnachten	Navidad
noix (f.)	noce	walnut	Walnuss	nuez
noix (f.) de coco	noce di cocco	coconut	Kokosnuss	nuez de coco
numérique	digitale	digital	digital	digital
océan (m.)	oceano	ocean	Ozean/Weltmeer	océano
œuf (m.)	uovo	egg	Ei	huevo
oiseau (m.)	uccello	bird	Vogel	ave/pájaro
orage (m.)	temporale	storm	Sturm	tormenta/tempestad
orang-outan (m.)	orangutango	orang-utan	Orang-Utan	orangután
orchidée (f.)	orchidea	orchid	Orchidee	orquídea
orfèvre (m.)	orefice	jeweller	Juwelier	orfebre
orfèvrerie (f.)	oreficeria	goldsmith's art	Goldschmiedekunst	orfebrería
orme (m.)	olmo	elm	Ulme	olmo
orque (f.)	orca	killer whaler/orca	Schwertwal	orca
osier (m.)	vimini	rush/wicker	Binse	mimbre
otarie (f.)	otaria	sea lion	Ohrenrobbe	león marino
oublier	dimenticare	to forget	vergessen	olvidar
outre-mer (m.)	oltremare	ultramarine	Ultramarin	ultramar
pain (m.) d'épices	pan di spezie	gingerbread	Lebkuchen	pan de especias
palet (m.)	dischetto	palet (game)	Scheibchen	tejo
palette (f.)	tavolozza	palette	Palette	paleta
palmarès (m.)	classifica	prize list	Rangliste	palmarés

Lexique

Français	Italien	Anglais	Allemand	Espagnol
panthère (f.)	pantera	panther	Panther	pantera
papaye (f.)	papaia	papaya	Papaya	papaya
paquebot (m.)	piroscafo	steamship	Dampfschiff	piróscafo
pâquerette (f.)	pratolina	daisy	Gänseblümchen	maya
paresseux (-se)	pigro	lazy	faul	perezoso(a)
parmi	tra/fra	among	unter	entre
parterre (m.)	aiuola	flower-bed	Beet	parterre
parvis (m)	sagrato	churchyard	Kirchplatz	plaza de la iglesia
pâte (f.)	impasto	dough/pastry	Teig	pasta/masa
pâté (m.) de foie gras	pâté di fegato d'oca	goose liver pâté	Gänseleberpastete	paté
pâtes (f. pl.)	pasta	pasta	Nudeln	pastas alimenticias
patinage (m.)	pattinaggio	ice-skating	Eislauf	patinaje
pâtisseries (f. pl.)	pasticceria	pastries	Gebäck	pastelería/repostería
pays (m.)	paese/nazione	country	Land	país
pêcher	pescare	to fish	fischen	pescar
pêcheur (m.)	pescatore	fisherman	Fischer	pescador(a)
peigner	pettinare	to comb	kämmen	peinar
peindre	dipingere	to paint	malen	pintar
peintre (m.)	pittore	painter	Maler	pintor(a)
peinture (f.)	pittura/quadro	painting	Malerei/Malkunst	pintura
pèlerin (m.)	pellegrino	pilgrim	Pilger	peregrino(a)
pelote (f.) basque	pelota/palla basca	traditional Basque sport	Pelotaspiel/Baskenland	pelota basca
péniche (f.)	battello fluviale	houseboat	Hausboot	chalana
pénichette (f.)	imbarcazione fluviale	little houseboat	kleines Hausboot	chalana pequeña
perche (f.)	pesce persico	perch	Barsch	perca
perroquet (m.) amazone	pappagallo americano	Amazon parrot	Amazonenpapagei	loro/papagayo
perruche (f.)	pappagallino/cocorita	female parrot	Papagei (weiblich)	cotorra
persil (m.)	prezzemolo	parsley	Petersilie	perejil
personne	nessuno	nobody	Niemand	nadie
personne (f.)	persona	person	Person	persona
pétanque (f.)	bocce	petanque	Bocciaspiel	petanca
pétillant(e)	frizzante	lightly sparkling	prickelnd	burbujeante/con gas
pétrir	impastare	to knead	kneten	amasar
peuple (m.)	popolo	people	Volk	pueblo
peuplier (m.)	pioppo	poplar	Pappel	álamo
phare (m.)	faro	lighthouse	Leuchtturm	faro
phoque (m.)	foca	seal	Seehund	foca
pièce (f.)	pezzo/stanza	piece	Stück	pieza/habitación
pièce (f.) de monnaie	moneta	coin/piece	Münze	moneda
pièce (f.) de théâtre	opera teatrale	play (theatre)	Theaterstück	obra de teatro
pigeon (m.) voyageur	piccione viaggiatore	carrier pigeon	Brieftaube	paloma mensajera
piolet (m.)	piccozza	mattock/(pick)axe	Eispickel	piolet
piquer (se)	pungersi	to prick (oneself)	sich stechen	pincharse
pissenlit (m.)	soffione/dente di leone	dandelion	Löwenzahn	diente de león
pivot (m.)	perno	pivot	Zapfen	pivote
place (f.)	piazza/posto	square/place	Platz	plaza/sitio
plage (f.)	spiaggia	beach	Strand	playa

Français	Italien	Anglais	Allemand	Espagnol
planche (f.) à voile	wind-surf	windsurf	Windsurf	tabla de windsurf
plat (m.)	piatto/pietanza	dish	Gericht	fuente/plato
plongée (f.)	immersione	immersion/dive	Sprung	inmersión
plongeon (m.)	tuffo	dive	Tauchen	zambullida
plongeur (m.)	tuffatore	diver	Taucher	saltador de trampolín
poème (m.)	poesia/componimento poetico	poem	Gedicht	poema
pois (m.) chiche	cece	chickpea	Kichererbse	garbanzo
poisson (m.)	pesce	fish	Fisch	pescado/pez
poisson (m.) d'eau douce	pesce d'acqua dolce	fresh-water fish	Süßwasserfisch	pez de agua dulce
poisson-chirurgien (m.)	pesce chirurgo	surgeonfish	Doktorfisch/Seebader/Chirurgenfisch	pez cirujano
poisson-clown (m.)	pesce clown	clown fish	Clownfisch	pez payaso
poisson-papillon (m.)	pesce farfalla	butterfly fish	Schmetterlingsfisch	pez mariposa
poisson-trompette (m.)	pesce tromba	trumpetfish	Trompetenfisch	pez trompeta
poivre (m.)	pepe	pepper	Pfeffer	pimienta
poivron (m.)	peperone	pepper (red, green)	Paprikaschote	pimiento
poli(e)	levigato	smooth	glatt	alisado
pomme (f.)	mela	apple	Apfel	manzana
pomme (f.) de terre	patata	potato	Kartoffel	patata
pont (m.)	ponte	bridge	Brücke	puente
port (m.) de plaisance	porto turistico	tourist port	Touristenhafen	puerto deportivo
portail (m.)	portale	portal	Portal	portal
portrait (m.)	ritratto	portrait	Porträt	retrato
potager (m.)	orto	vegetable-garden	Gemüsegarten	huerto/huerta
poule (f.)	gallina	hen	Suppenhuhn/Henne	gallina
poumon (m.)	polmone	lung	Lunge	pulmón
pourtour (m.)	circuito/circonferenza	circumference/perimeter	Umfang/Umkreis	perímetro/circumferencia
pouvoir (m.)	potere	power	Macht	poder
pré (m.)	prato	meadow/field	Wiese	prado
prêt(e)	pronto	ready	fertig	listo/preparado
printemps (m.)	primavera	spring	Frühling	primavera
professionnel (m.)	professionista	professional	Berufstätige	profesional
projeter	progettare	to plan	planen	proyectar
promener (se)	passeggiare	to (go for a) walk	spazieren gehen	pasear/pasearse
prune (f.)	prugna	plum	Pflaume	ciruela
pruneau (m.)	prugna secca	prune	Backpflaume/Dörrpflaume	ciruela pasa
quai (m.)	banchina/lungofiume	quay/wharf	Ufer	muelle
quitter	lasciare	to leave	verlassen	dejar/abandonar
raie (f.)	razza	skate/ray	Rochen	raya
raisin (m.)	uva	grape	Trauben	uva
raison (f.)	ragione	reason	Vernunft	razón/motivo
randonnée (f.) à raquettes	escursione con le racchette da neve	snowshoes	Schneeschuh wanderung	senderismo con raquetas
randonneur (m.)	escursionista	hiker	Wanderer	senderista
rang (m.)	fila/posto	row/place	Reihe/Stelle	fila/puesto
râper	grattugiare	to grate	reiben	raspar
rappeler	ricordare	to remember	sich erinnern (an)	recordar/acordarse

Lexique

Français	Italien	Anglais	Allemand	Espagnol
rayonner	irradiare	to radiate	strahlen	irradiar
réalisateur (m.)	regista	director	Regisseur	realizador
recette (f.)	ricetta	recipe	Rezept	receta
régal (m.)	delizia	delight	Köstlichkeit	delicia
relais (m.) (prendre le)	testimone (prendere il)	to take the baton	etwas an jemand übergehen	entregar el testigo
remonter	risalire	to go back	zurückgehen	remontarse
remparts (m. pl.)	mura	boundary wall	(Stadt)mauer	murallas
remplacer	sostituire	to replace	ersetzen	sustituir/remplazar
remporter	ottenere	to win	erringen/erhalten	conseguir
Renaissance (f.)	Rinascimento	Renaissance	Renaissance	Renacimiento
renommée (f.)	fama	fame/popularity	Ruf	fama
réputé(e)	famoso	famous	bekannt	famoso
requin (m.)	squalo	shark	Hai	tiburón
revers (m.)	rovescio	backhand	Rückhandschlag	revés
révolution (f.)	rivoluzione	revolution	Revolution	revolución
rez-de-chaussée (m.)	piano terra	ground floor	Erdgeschoss	planta baja
rhinocéros (m.)	rinoceronte	rhinoceros	Nashorn	rinoceronte
rhododendron (m.)	rododendro	rhododendron	Rhododendron	rododendro
rivage (m.)	riva	shore/coast	Ufer	orilla/ribera
rivière (f.)	fiume secondario	river	Fluss	río
robe (f.)	colore (di vino)	colour	Farbe	color
robot (m.)	robot	robot	Roboter	robot
rocher (m.)	scoglio	rock	Fels	peñasco/roca
roi (m.)	re	king	König	rey
rosace (f.)	rosone	rose-window	Fensterrose	rosetón
rose (f.)	rosa	rose	Rose	rosa
rosée (f.)	rugiada	dew	Tau	rocío
roseraie (f.)	roseto	rose garden	Rosenpflanzung	rosal
rouleau (m.)	mattarello	rolling-pin	Nudelholz	rodillo
rue (f.)	via	street	Straße	calle
ruelle (f.)	viuzza	narrow street	Gässchen	callejón/callejuela
ruisseau (m.)	ruscello	brook/stream	Bach	arroyo
sable (m.)	sabbia	sand	Sand	arena
sac (m.) à dos	zaino	rucksack	Rucksack	mochila
sacrer	incoronare	to crown	krönen	coronar
saison (f.)	stagione	season	Saison	estación
saladier (m.)	insalatiera	salad bowl	Salatschüssel	ensaladera
sanglier (m.)	cinghiale	boar	Wildschwein	jabalí
sapin (m.)	abete	fir	Tanne	abeto
saupoudrer	cospargere/spolverare	to dust/sprinkle	bestreuen	espolverar
sauteuse (f.)	casseruola bassa	sauce pan	Pfanne	cajerola baja
saxophone (m.)	sassofono	saxophone	Saxophon	saxofón
sceau (m.)	sigillo	seal	Siegel	sello
sculpteur (m.)	scultore	sculptor	Bildhauer	escultor
sculpture (f.)	scultura	sculpture	Bildhauerei/Bildhauerwerk	escultura
sénestrogyre	speculare (scrittura)	specular writing	Spiegelschrift	escritura especular
sentir	provare (sentimento)	to feel/smell	fühlen	oler/notar
siège (m.)	sede	seat	Sitz	sede

Français	Italien	Anglais	Allemand	Espagnol
signature (f.)	firma	signature	Unterschrift	firma
signer	firmare	to sign	unterschreiben	firmar
singe (m.)	scimmia	monkey	Affe	mono
sirop (m.) d'érable	sciroppo d'acero	maple syrup	Ahornsirup	jarabe de arce
ski (m.)	sci	ski	Ski	esquí
ski nautique (m.)	sci nautico	water-skiing	Wasserski	esquí náutico
snowboard (m.)	snowboard	snowboard	Snowboard	snowboard
socca (f.)	farinata	chickpea oven-baked flan from South-eastern France	Mehlschwitze	tarta salada con harina de garbanzos
soin (m.)	cura	care	Pflege	cuidado
sol (m.)	suolo	ground	Boden	suelo
sommet (m.)	cima	peak	Gipfel	cumbre
souffle (m.)	soffio	breath/blow	Hauch	soplo
sportif (-ve)	sportivo	sporting	sportlich	deportivo/deportista
stade (m.)	stadio	stadium	Stadion	estadio
sucre (m.) en poudre	zucchero in polvere	granulated sugar	Staubzucker/Puderzucker	azúcar en polvo
suite (f.)	seguito/suite	retinue/suite	Fortsetzung/Suite	sequito/sucesión
superbe	magnifico	magnificent	prächtig	magnífico
superposé(e)	sovrapposto	superimposed/overlapping	übereinander liegend	sobrepuesto
synthé (m.)	sintetizzatore	synthé	Synth	sintetizador
tableau (m.)	quadro	painting/picture	Bild	cuadro
tambour (m.)	tamburo	drum	Trommel	tambor
tanche (f.)	tinca	tench (fish)	Schleie	tenca
tanneur (m.)	conciatore	tanner	Gerber	curtidor
tapisserie (f.)	arazzo	tapestry	Wandteppich	tapiz
tapissier (m.)	arazziere	upholsterer	Person die einen Wandteppich knüpft	tapicero
tarte (f.)	crostata	jam tart	Kuchen	tarta
taste-vin (m.)	taste-vin	tastevin	Weinheber	taste-vin
témoignage (m.)	testimonianza	testimony	Zeugnis	testimonio/prueba
terrasse (f.)	terrazza (caffè)	terrace/patio	Terrasse	terraza
tête (f.)	testa	head	Kopf	cabeza
thon (m.)	tonno	tuna	Thunfisch	atún
thym (m.)	timo	thyme	Thymian	tomillo
tiare (m.)	tiare	tiare flower	Tiaré-Blume	tiara
tigre (m.) blanc royal	tigre bianca reale	white king tiger	Weißer Königstiger	tigre blanco real
timbre-poste (m.)	francobollo	stamp	Briefmarke	sello
tipanier (m.)	albero del pane	breadfruit tree	Brotbaum	árbol del pan
tire-bouchon (m.)	cavatappi	corkscrew	Korkenzieher	sacacorchos
toile (f.)	tela	canvas	Gemälde	tela/lienzo
tomate (f.)	pomodoro	tomato	Tomate	tomate
tonneau (m.)	botte	barrel	Fass	tonel
torrent (m.)	torrente	stream	Sturzbach	torrente
tour (m.)	giro/torre	circuit/tower	Tour/Turm	paseo/vuelta/torre
tour (f.) de guet	torre di guardia	guard tower	Wachturm	atalaya/torre
tournage (m.)	riprese	shooting (film)	Dreh	rodaje
tranche (f.)	fetta	slice	Scheibe/Schnitte	loncha
travail (m.)	lavoro	work	Arbeit	trabajo

Lexique

Français	Italien	Anglais	Allemand	Espagnol
trèfle (m.)	trifoglio	clover	Klee	trébol
tricotage (m.)	lavoro a maglia	hand-knitting	Strickerei	hecho a punto
trompe (f.) de chasse	tromba da caccia	hunting trumpet	Jagdtrompete	trompa de caza
truffe (f.)	tartufo	truffle	Trüffel	trufa
truite (f.)	trota	trout	Forelle	trucha
tubercule (m.)	tubero	tuber	Wurzelgemüse	tubérculo
tuile (f.)	tegola	roof tile	Ziegel	teja
turquoise	turchese	turquoise blue	Türkish	turquesa
ustensile (m.)	utensile	utensil	Ausstattung	utensilio
vacances (f. pl.)	vacanze	holidays	Ferien	vacaciones
vague (f.)	onda	wave	Welle	ola
vaisseau (m.)	vascello	vessel	Schiff	nave
vanille (f.)	vaniglia	vanilla	Vanille	vainilla
vasière (f.)	vivaio di mitili	mussel bed	Miesmuschelzucht	vivero (de mellijones)
vélo (m.)	bicicletta	bicycle/bike	Fahrrad	bici
vendanges (f. pl.)	vendemmia	grape harvest/ wine-making	Weinlese	vendimia
vent (m.)	vento	wind	Wind	viento
vergeoise (f.)	zucchero ricavato dalla melassa	treacle	Melasse-Zucker	azúcar de melaza
verjus (m.)	agresto/succo d'uva aspra	juice extracted from large unripened grapes	Verjus	zumo de uva agrio
verre (m.)	bicchiere/vetro	glass	Glas	vaso/vidrio
verre (m.) à vin de Bourgogne	bicchiere per vino di Borgogna	Bourgogne wine glass	Bourgogne Weinglas	copa para vino de Bourgogne
viaduc (m.)	viadotto	viaduct	Viadukt	viaducto
viande (f.)	carne	meat	Fleisch	carne
vigne (f.)	vigna	vineyard	Weinberg	vid/viña
vignoble (m.)	vigna	vineyard	Weinberg	viñedo
village (m.)	paese	village	Dorf	pueblo
ville (f.)	città	town	Stadt	ciudad
vin (m.)	vino	wine	Wein	vino
vin (m.) blanc	vino bianco	white wine	Weißwein	vino blanco
vin (m.) rouge	vino rosso	red wine	Rotwein	vino tinto
vinaigre (m.)	aceto	vinegar	Essig	vinagre
violon (m.)	violino	violin	Geige	violín
violoncelle (m.)	violoncello	cello	Cello	violonchelo
vitesse (f.)	velocità	speed	Geschwindigkeit	velocidad
vitrail (m.)	vetrata	stained-glass window	Glasfenster	vidriera
vœu (m.)	augurio	wish/greetings	Wunsch	deseo
voile (f.)	vela	sailing	Segel	vela
voilier (m.)	veliero	sailing ship	Segelschiff	velero
voiture (f.)	automobile	car	Auto	coche
volaille (f.)	pollame	poultry	Geflügel	ave de corral
voyage (m.)	viaggio	journey/trip	Reise	viaje
VTT (m.)	mountain bike	mountain bike	Mountainbike	bicicleta de montaña